唯識入門

多川俊映

春秋社

唯識入門・はしがき

本書は、『はじめての唯識』（旧『唯識十章』を平成十三年八月に増補改題）の改題・増補新版です。

『唯識十章』の初版刊行は平成元年で、初版以来、四半世紀が過ぎました。この間、さいわいにも版を重ねることができ、また、唯識仏教を学ぶ〈最適の入門書〉との評価も受けてきました。そこでこのさい、ずばり『唯識入門』と改題し、終章（唯識と現代）に「唯識からみた人間関係」を新たに加筆、増補したものです。

唯識は、あらゆることがらをすべて心の要素に還元して考える立場の仏教です。唯識は、原始仏教以来の唯心的傾向というか、心に対する深い関心をいっそう鮮明にした教説で、中観《ちゅうがん》とともに大乗仏教を代表する考え方となっています。昨今、なにかといえば「心の時代」といわれるのですが、そうであれば、心の問題を学ぶには、なにはともあれ、まずは唯識の知見をひもとくのが、順序というものではないかと思います。

また、近年は、「情報社会」だとか「情報の時代」だとかいわれます。たしかに、インターネット端末の携帯化で、もはや歩いていても新しい情報がとれる時代になりました。その点、便利な世の中にはなりましたが、同時に、得体の知れない情報も少なくはなく、今後、その精査がますます必要になっていくものと思われます。

しかし、唯識からみれば、私たちは、わが心によって知られたかぎりの世界に住んでいる者たちなので、そもそもが情報人間なのです。しかも、私たちが「これぞ確かな現実」と思っているものも、わが心によって知り得たかぎりのものにすぎないのですから、きわめて危《あやう》い――。いわゆるヴァーチャル・リアリティー（仮想現実）で、事実をそのまま事実として受け止めているわけではないのです。

唯識では私たちの心を、単に「心」といわないで「能変《のうへん》の心」といい、そして、認識の対象（これを境《きょう》といいます）もまた、単に「境」ではなく「所変《しょへん》の境」なのだと考えています。つまり、「これぞ確かな現実」も、他ならぬ私たち一人ひとりの心のはたらきによってつくり上げられたもので、当然、一人ひとり皆ちがう世界なのです。そのあたりをきちんと押えたならば、その瞬間、私たちの自分をみる目も人さまをみる目も大きく変ってくるのではないでしょうか。新しい自画像も、そしてまた、新たな人間関係も、こうした唯識の知見に学ぶことによって得られるのではないかと思っています。

なお、この改題・増補新版の刊行については、編集担当の江坂祐輔さんにお世話になりました。

平成二十五年八月十八日

著者しるす

本書は一九八九年四月に刊行した『唯識十章』の改題・増補版『はじめての唯識』を改題・増補した新版である。

はしがき

仏教というコトバを聞けば、多くの人々は、なんらかのカタチで釈迦やインドということを連想するのではないかと思います。それほどに、仏教がインドにおいて創唱され、そして、大きく育まれてきたということを、私たちは常識として持っています。しかし、その一方、日本の仏教の実態は、それぞれの宗派の祖師がたが大きく前面に押し出されたいわゆる祖師仏教であると、昔からいわれています。

たとえば、まさに空と海というその名のごとく茫漠《ぼうばく》とした人間的魅力をもつ弘法大師空海、きびしい自己凝視に徹しつつ弥陀《みだ》の信仰に生きた親鸞聖人、あるいは、生活のあらゆる場面が仏道であることを強調し、生活の威儀ということをあらためて示した道元禅師、等々。これら不世出な宗教的偉聖のすぐれた仏教理解を学ぶことによって、そのスガタを明確なものにしているのが、日本の仏教であります。こうした仏教の形態については、批判的な意見がないわけではありませんが、日本における仏教なのですから、ある意味できわめて自然な形態ではあるわけです。

しかし、近年、こうした平安ないし鎌倉時代に成立した仏教の背後にあるインド以来の仏教について、かなり明確な関心が持たれるようになってきました。すなわち、空海や最澄、あるいは、親鸞や道元、そして日蓮などといった祖師がたが形づけられた日本の仏教を大きく基礎づけている仏教の教説というものがあるのだということが、一般の人々にも、かなり理解されるようになってきました。そうしたインド以来の仏教教理の一つが、唯識《ゆいしき》仏教であります。

唯識仏教は、ふつう、仏教の基礎学であるといわれます。それは、倶舎《くしゃ》仏教とともに私たちの心の構造やそのはたらき、あるいは人間の行為というような重要な項目を真正面から取り上げ、かつ、それらに対して、きわめて厳密な考察を加えているからであろうと思います。

それゆえ、倶舎や唯識の仏教は、まことに精緻な学的大系をなしています。そのため、古来、これら二つの仏教教義は難解なものとされ、その学習にさいしては、「唯識三年倶舎八年」と言い習わされているほどなのです。これは、もちろん、桃栗三年柿八年ということわざをもじったものなのですが、その意味は、倶舎仏教を八年勉強した上に唯識仏教を三年やれば、とりあえず一通りの理解が得られるのだということであります。

ことほどさように、唯識仏教は、たいへん厳密な教理であるのですが、同時に、真摯で地道な教説であり、私たち日常生活者として掬すべきことも、はなはだ多いのです。ただ、厳密さというものを尊ぶゆえに、古来、唯識についての平易な書物はほとんど書かれませんでした。厳密さと平易さとは、なかなか両立しないのです。

ところが、近年、唯識仏教を専門とされる学究の方々のご努力によって、こうした特徴をもつ唯識仏教の親切でていねいな入門書や概説書が何冊か刊行されるようになり、それにともなって、一般の方々の唯識への関心も高まってきました。ただ、一般読者にとっては、そうした入門書や解説書でも、なお難しいとの声をしばしば耳にします。そこで、厳密さということをひとまずおいて、できるだけ平易な文章で、唯識の教えを簡素に紹介しようとしたのが本書であります。

ところで、唯識の教説は、仏教の基礎学ではあるのですが、もちろん、一つの宗教として完結したものであります。そうした意味において、私たちが唯識の教えを学ぼうとするとき、当然、そこに語られることがらを日常生活を営む上でどう味わっていくべきかという視点がなければならないであろうと思います。そこで、本書では、単に唯識の用語や重要な項目を平易に解説するだけではなく、それが宗教的にどういう意味をもち、私たちは、その教えをどのように受け取って日常生活をおくればいいかということについて、いささか筆者なりのコメントを付け加えることに意を用いました。

もちろん、それは、必ずそのように受け取らなければならないというものではありません。むしろ、読者それぞれの立場で、さまざまに試みられるべきものであろうと思います。

そうすることが、とりもなおさず唯識を身近におくことになり、同時にまた、自前の仏教というものを構築していくことにもつながっていきますので、これらのコメントを、そのためのささやかなきっかけにして頂ければ、たいへん有難いのです。

平成元年三月六日

著者しるす

唯識入門　目次

唯識入門

第一章

唯識ということ

唯識所変

飲　酒　　　陶　淵明

盧を結びて人境に在り
しかも車馬のかしましき無し
君に問う何ぞよくしかると
心遠ければ地自ずから偏なり
菊をとる東籬の下
悠然として南山を見る
山気日夕に佳く
飛鳥あいともに還る
此の中に真意あり
弁ぜんと欲して已に言を忘る

いきなり、陶淵明の「飲酒」という漢詩が出てきましたので、いささか驚かれたことかと思います。

しかし、唯識《ゆいしき》仏教について、私たちがそれを日常生活を営んでいく上で学ぼうとする時、私は、どうしても、この詩から出発したいのです。

この漢詩を、私がはじめて習ったのは、高校二年生の時でした。それ以来、おりにふれて味わっているのですが、そうしたとき、きまって思い出すコトバがあります。それは、「大隠は市井《しせい》に遁《のが》る、小隠は山中に遁る」という中国のことわざです。「飲酒」の詩を教えて下さったU先生は、これに関連して、実は中国にはこんなコトバがあるのだといわれて板書されたのが、「大隠は市井に遁る、小隠は山中に遁る」ということわざだったのです。私はそのとき、何か異常な興味をおぼえたことを記憶していますが、のちに仏教の世界に入るようになって、陶淵明のこの漢詩をますます身近に感じるようになりました。

それは、仏教道場などというと、誰しもみんな身構えて遠くにそれを求めようとするのですが、実は、自分自身のありようを如実に見きわめようとすること以外に、仏道も仏教道場もありはしないからなのです。いいかえれば、今いるところ、陶淵明の詩でいえば、廬を結んで人境にある〈そこ〉がまさしく道場なのであって、わざわざ遠くに出かけるにはおよばない――。私たちは、「市井に遁る」大隠者のごとくに仏道ないしは仏教道場というものを考えなければならない。——というわけで、私は、この「飲酒」をおりにふれて思い起こしてみるのですが、この詩を身近に感じる理由が実はもう一つあります。

それは、ワイワイガヤガヤした人境、つまり、町なかに住んでいて、しかも車馬の喧しさというものがない、と陶淵明が述べているからなのです。彼は、そのことを自問自答して、「心遠ければ地自ずから偏なり」という一つの結論を導き出しています。心遠ければとは、心が執着から遠く離脱しているということでしょう。そうした心遠き人の見るこの世界は、一体どのようなものだろうか——。もちろん、率先してワイワイガヤガヤしている者、あるいは、自己へのはげしい執着をいけないことだとしながらも、結局はそれに押し流された生活をしている者とは、また、おのずと異なった風景を見ているであろうことは確実なことです。

大隠者の陶淵明は、人境にあって、しかも喧噪が気にならないと述べています。私たちは、この点、どうでしょうか——。凡人はというと、ワイワイガヤガヤの日暮らしにむしろうつつをぬかしていますし、そして、小隠者は、町なかの喧噪ゆえに、誰もいない山中に遁れたいものだとしきりに希望します——。考えてみれば、同じ世界にいながら、三者三様、これほど相互に違った世界に住んでいるのです。このことは、私たちが日々の生活を重ねていくにさいして、たいへん興味深いことであり、また同時に、たいへんこわいことでもあるはずです。

そうしたとき、大きく問題にしなければならないことは、陶淵明の「心遠ければ」ということを指摘をまつまでもなく、私たちの心のはたらき、ないし、心のありようということではないかと思います。これから一瞥しようとする唯識仏教は、実に、こうした私たちの心の問題をもっとも深く考察してきた仏教だといわれています。

私たちの心の実態を如実に描こうとする唯識《ゆいしき》の考え方は、私たちをとりまくあらゆるもの（環境）と自己との関係を、釈尊の教えに即して深く追及した結果、導き出されてきたものであります。この唯識ということを、もう少し詳しくいうと、それは「唯識所変《ゆいしきしょへん》」というコトバになります。そして、それが、唯識仏教の大きく主張することなのです。

この唯識所変というコトバをさしあたって逐語的にみてみるならば、「ただ（唯）識によって変じだされた所のもの」、ということになります。もっとも、これだけでは何のことなのかサッパリわかりませんので、以下、すこしほぐしてみることにします。

手をうてば　鯉は餌と聞き　鳥は逃げ　女中は茶と聞く　猿沢池

こんな短歌があります。手をポンポンと打ったならば、鯉はエサがもらえると思って岸に泳ぎよってくるが、鳥は身に危険を感じて逃げていってしまう。一方、旅館の従業員は、お客さんがお茶をほしがっているのだと思う――。いい直せば、大体、こんなことになります。一読、意味らしいものは、とりあえず、あまりなさそうです。

下の句の猿沢池は、もちろん、奈良の猿沢池のことです。その周辺にはたくさんの旅館があるところからこうしたことが述べられたのでしょうが、なお、その水辺からは興福寺五重塔の雄姿を見上げることができることは、一般によく知られたことです。

それはさて、唯識の考え方は、仏教宗派としては南都六宗の一つである法相宗《ほっそうしゅう》の教義であり、興福寺は、その法相教義の研鑽の本拠として永く栄えてきた寺院であります。したがって、この一見あまり意味らしいものがなさそうな短歌も、実は、唯識の考え方を述べた例歌なのです。

ここでは、「手をたたく」という一つのきわめて単純な動作が話題になっています。しかも、単純な動作、そしてそれによって発生した単純な音にもかかわらず、それを受け取る側の個体的な条件の違いによって意味がずいぶん異なるものであることを、この例歌は示しています。

また、同じものを何度も見る場合を考えてみましょう。そのときどきの気分や体調などによっても、そのものの印象がひじょうに異なることは、だれでも経験することです。これは、そのときどきの心のありようを対象に投影して見るからでしょう。もちろん、見ているときは、自分の気持を投影しているなどとは少しも思ってはいません。

こうしてみると、私たちの認識というもの、つまり、ものごとの〈私にとっての〉意味を知り分けようとすることの実際は、いついかなる場合も外界のまる写しというものではなく、その心のありように即して外界が認められるものであるということになります。つまり、私たちの心こそが、ものごとをつくり上げ、かつ、その内容を決定しているのだといわなければなりません。これが、唯識あるいは唯識所変ということであります。そして、そのことを裏返すならば、私たちというのは、わが心のはたらきによって知られた限りの世界に住んでいるものであるということになります。

これは、実にこわいことだと思います。なぜなら、自分の心が豊かであれば、豊かな世界の住人たり得ますが、それとは反対に貧しくさもしければ、内容の貧弱な世界の住人でしかないからです。もし、生涯貧しい世界の住人で終わったなら、人間としてさびしい限りです。しかし、唯識所変という考え方は、私たちにその現実のスガタを如実に示教していています。私たちは、それによって、たえず、わが身をふり返らざるを得ないものを強く感じます。人生を真摯に歩ませようとするのが、唯識仏教の大きな特徴の一つだといってい

冬の猿沢池と興福寺五重塔

第一章　唯識ということ

いように思います。

四分・三類境

前項で、唯識ないし唯識所変ということについて一、二漢詩などを引きながら述べたのですが、たいへん重要なことなので、もう少し見ておきたいと思います。

私たちは、日常生活において、たえず見・聞きし、そして、考えるというような心のはたらきをしつつ日々を過しています。そのさい、私たちは、直接に外界を見・聞きして知覚しているように考えているのですが、実はそうではなく、自分の心識によって変えられ、そして、自分の心の上に映し出された外界の事物の影像を認識しているにすぎない、と唯識仏教は説きます。もし、そうであるなら、私たちの見・聞きする世界というものは、世界そのものであろうはずがありません。私をとりまくあらゆるものは、私の識所変のものだ――。唯識仏教では、自己と環境との関係を、このように理解するのです。

私たちは、ふつう、目の前にくり広げられる山や空に浮ぶ雲といった風景を風景そのものとして如実に受け取って、見ているように思っています。そしてまた、自分のまわりの人々や出来事をちゃんと正しいスガタにおいて認識していると思って生活しています。だから、お前の見方は客観的でない、おかしいじゃないか——などと指摘されると、私たちは、はなはだ機嫌がわるいのです。

しかし、よくよく考えてみると、私たちは、たとえば山一つをとってみても、そこにさまざまなわが思いというものを投げかけた上で、見ていることに気がつきます。——私が見ているのは、どうも山そのものではなさそうです。どうやら、私は私自身の心によって色づけされ、変現された山を見ているようです。

画家は、たとえば、眼前の山に感動をおぼえて絵筆をとるといいます。林武や梅原龍三郎などの富士山の絵をみていると、富士山そのものは歴然とある一つの形状を示しているはずであるにもかかわらず、キャンバス上に描き出された富士の山は、実にさまざまにデフォルメされています。

これについて——。画家は感動を定着させるのが仕事だと、中川一政氏はその随筆のなかでいわれていますが、なお、つづけて、心が感きわまって形を毀すのである、とも書いておられます。そうであれば、この場合、デフォルメされてキャンバス上に描き出された富士山というのは、感動によって画家の心上に変現した富士山の影像であり、それを画家は定着しようとしたのだといえると思います。

こうしたデフォルメは、日常的にはいささか度はずれているかもしれません。しかし、私たちも、このごとく、それぞれの心のありようによって、そして、もう一つ踏み込んでいえば自分たちの都合のいいように、生活する上で接しなければならないものすべてを変形して認識している――。それが、私たちの現実のスガタだと、唯識は考えています。

このように、私たちの心は、認識の対象をすべて変現《へんげん》しますので、唯識仏教では、単に〈心〉といわないで、〈能変《のうへん》の心〉といいます。そして、それに対して、認識対象（これを境《きょう》といいます）は、能変の心によって変現されたものですので、〈所変《しょへん》の境《きょう》〉というのです。

こうした能変の心・所変の境ということについてまとめて述べているのが、四分《しぶん》・三類《さんるい》境《きょう》という教説です。四分説は、〈能変の心〉の作用を明らかにし、三類境説は、〈所変の境〉の性質を明らかにするものです。これらの教説では、私たちの認識作用について、たいへん精密な考察が展開されています。精緻な考究は、どうしても難解です。しかし、これらに通じることは、唯識の原理そのものに通暁することですので、そのため、古来、「四分・三類、唯識半学」と語られているほどです。

このなか、〈能変の心〉の作用を明らかにする四分説とは、私たちの認識作用は、その内容からみて便宜上四つに分けることができるという考え方です。それらは、①相分《そうぶん》②見分《けんぶん》③自証分《じしょうぶん》（自体分）④証自証分《しょうじしょうぶん》、の四つです。

ここで、まず、ものを認識するということを定義めいていえば、対象を感知し、その対象についてあれこれと判断する心の作用ということになると思います。そのとき、その対象とは、いわゆる心の外のものであるという理解が、一般にあります。そして、ふつうは、そういう心外のものを客観とし、それを心（主観）が識別していく——というように考えるのです。

しかし、唯識仏教では、認識するという心の作用が起こるときは、心それ自体が、そのはたらきにおいて四つの領域に分かれる——そして、それによって、いわゆる認識作用というものが成立するのだ、と考えたのです。つまり、みられるもの（相分）とみるもの（見分）、そして、そのみるということを確認するもの（自証分）とその確認をさらに認知するもの（証自証分）とに分かれるのである、と説くのです。私たちが、ふつう、心の外に厳然として在るものを直接に知覚し認識していると思っている場合も、実は、それは自分の心のなかに変現した相分、つまり、心上に生じたそのものに似た影像《ようぞう》にすぎないもので、それを、私たちは認識の対象としているというわけです。

もし、そうであれば、心が心をみているだけではないか、ということになります。たしかに、そうであることにちがいありません。しかし、こうした四分、とりわけ認識対象を心それ自体から転変《てんぺん》した相分、影像と考えるようになったのは、唯識仏教の確立に、イン

ド の瑜伽行派《ゆがぎょうは》といわれた人々が大きくかかわってきたことに由来しているようです。瑜伽行とは、精神の集中統一すなわち禅定《ぜんじょう》のことで、そうした深い瞑想ということを仏道修行の中心と考えたグループが瑜伽行派です。

常識的に考えても、精神を集中統一するということは、外界とのかかわりを遮断してこそ成り立つものであります。したがって、深い瞑想の世界においては、外界の具体的な事物とは、かかわりがないはずです。それにもかかわらず、なお、瑜伽行にすぐれた人々は、精神を集中統一するなかでホトケを見るという体験をしばしばもちました。もちろん、そのホトケは、あくまでも見られたところのホトケであって、それに直接対応する具体的な実体としてのホトケというものは存在しませんでした。

こうした体験から、そのホトケという認識対象が、心の変現したものであることに深く気づくことになります。そして、なお、瞑想中において、今見ているものが確かにホトケであると確認する心のはたらきも想定しなければならないことも次第に理解され、最終的に、四分という教説に高められたのでした。

四分の教説は、私たちの日常生活における認識もまた、わが心によって変現されたものを、その対象としていることを述べています。そして、そこに焦点をあてて、私たち自身の〈ものをみる眼・人をみる眼〉というものをふり返って考えてみると、それらが、どこまでも自己に都合のいいようにしかみないものであることが、いささかなりとも理解されてきます。そうした心のはたらきに終始しているかぎり、ものごとの真実のスガタなど、みえてくるはずもありません。私たちの〈ものをみる眼・人をみる眼〉というものは、大いに調整すべきものであることを、唯識所変の考え方は、強く示唆しているようです。

　ところで、これら相分・見分・自証分・証自証分という認識作用の四つの分限を正確に理解するのは、たいへん難しいとされています。そこで古来、たとえば、布ぎれの寸法を測るというような例を取り上げて、理解の一助としました。——すなわち、布ぎれが相分で、見分はそれを測るスケールです。そして、自証分はそれによって布ぎれの長さを知るようなはたらきであり、証自証分は、その知られた寸法をノートに記帳するようなものであるとされました。なお、ここでは、〈私が、今、時計を見ている。そして、時刻は午後七時三十分である〉という場面にあてはめて、四分を考えてみましょう。その場合、まず時計が相分で、それを見ているのが見分です。さらに、見ている時計が午後七時三十分を指していることを確認するのが自証分、そして、そのように確認するのは、ふつう、自覚的なものですので、そうした自覚的なフォローが証自証分であると考えればいいのではないかと思います。

　次に、〈所変の境〉の性質を明らかにする三類境とは、①性境《しょうきょう》②独影境《どくようきょう》③帯質境《たいぜつきょう》の三つです。ここでは、項目だけをあげておきたいと思いますが、この分類は、心の上に変現した相分すなわち認識の対象が、本質《ほんぜつ》（ここでは、いちおう、外界の現実の事物としておきます）にどれだけ根拠をもつものであるか、という点についてなされたものであります。

性境は、本質にもとづいて変現された影像で、正しい認識の対象です。それに対して、独影境は、本質とはかかわりなく、心がおのずからもっている作意の力によって心上に映し出された影像で、まったく根拠のない認識対象です。幻覚などが、この好例です。また、帯質境とは、本質に根拠をおきながら、なお、正しく認識しえなかった場合の対象のことで、いわゆる錯覚や誤認の対象のことです。

いずれにしても、こうした四分や三類境の教説は、唯識ということを詳細に述べたものであります。私たちは、日々、実にいろいろな事物にふれ、実にさまざまな人に出会い、まことにさまざまな出来事に遭遇しながら、日常生活を送っています。そのさい、知覚し思考して判断するという心のはたらきのその対象について、そのものを直に見・聞きし、その上であれこれと判断していると当然のように考えています。しかし、唯識仏教によれば、そうした認識の対象は、すでにわが心によって色づけされ、変現されたものなのです。

環境が意識を決定する——という文言があります。しかし、私と私をとりまくものとの関係は、それほど単純なものではありません。すでに見てきたように、私たち自身の心というものこそが環境の内容を決定するものであり、そうした自己によってひそかに変現された環境にとりまかれている自分というものを、もう一度、私たちが意識している――。そういう構図であります。

私たちは、自分の〈ものの見方〉はまちがいないんだということを、自信がないわりには、かなりかたくなに感じています。そんな私たちの無謬性というものも、唯識のこうした考え方を徹底させていくなかで、おのずと解きほぐされていくであろうことを感じます。

第二章

心の構造

表層の心と深層の心

私たちは、実にさまざまなものにとりまかれて生活しています。それらが煩わしくなって、たとえ閑寂な山中に住んでみたところで、それでもなお、いろんなものにとりかこまれていることには、何ら変わりがありません。生きているかぎり、私たちは、〈環境〉というものから完全に離脱することなどできません。日常生活を営むということは、そうした環境の一つ一つのものと何らかの関係をたもちながら、生きていくことであります。そうしたとき、ものであれ、人であれ、出来事であれ、それらをどのように認識し、どのようにその内容を把握しているかということは、きわめて重要なことがらです。

唯識仏教では、このような私たちの認識作用あるいは認識の対象について、たいへん深い考察が行なわれました。その結果、私たちは、常識的には、外界の事物を直接に認識対象として知覚し、その上でそのものの意味を理解していると思っているのですけれども、実はそうではなく、自分の心によって変えられ、そして、自分の心の上に映し出された〈そのものに似た影像〉を認識の対象としているのだ、と考えたのでした。

そのものに似た影像を変現して心上に浮べるのですから、そこに、その人なりのものが現われるのは当然なのですが、なお、それが、どこまでそのものの真正のスガタを反映しているものなのか、ということについては、実のところ、はなはだあやしむべきものなのです。

ところが、現実には、私たちは、見・聞きするその対象を正しく判断し把握していると思って生活しています。誰も、何もすき好んで取りちがいをしようとか、わざわざ形をねじまげてみてやろうと思って、そのもののスガタを変えているのでは、もちろんありません。私たちは、きわめて当然のように、自分はあくまで正しくものごとを認識していると信じて生活しています。

そうすると、ここのところが大事なのですが、私たちの日常生活というのは、自覚的あるいは意識的な領域だけで、成り立っているのではないということになります。私たちが簡単にその内容をふり返ったり、あるいは、しようと思えば比較的容易にしかるべく調整できるような心の領域を、仏教では、眼識《げんしき》・耳識《にしき》・鼻識《びしき》・舌識《ぜっしき》・身識《しんしき》・意識《いしき》の〈六識〉といいます。しかし、これら六つの心だけでは、どうにも割り切れそうにないのが、私たち人間の行動のようであります。そして、こうした六識におさまり切らないことといえば、たとえば、同じ山を前にして、経験を豊富に積んだ登山家とかけ出しの登山家では、その読みとる山の相は、その奥深さにおいてまったく違うといわれます。このような長年の経験の蓄積ということも、〈意識〉という心には収まり切らないものを多く含んでいます。

そこで、唯識仏教は、このような私たちの心の構造について、自覚的・意識的な心のはたらきというものに対して、たえず大きく影響しながら、それをその根底からささえている意識しえない深層の心というものが、たしかにあることを確信するに至りました。そして、潜在的な心の領域として、阿頼耶識《あらやしき》と末那識《まなしき》という二つの深層の心識を想定したのでした。

六識

私たち人間の心を、六つに数える〈六識〉の考え方は、原始仏教以来長く行なわれてきたもので、いわゆる小乗《しょうじょう》の『倶舎論《くしゃろん》』にまで受けつがれた仏教の一つの代表的な考え方であります。唯識仏教も、こうした伝統的な考え方にもとづきながら、しかも、独自の見方を展開し、それらが心の全体ではなく、その表層の心にすぎないことを明らかにしました。

これら六つのうち、眼識・耳識・鼻識・舌識・身識の五識は、それぞれ色境《しききょう》・声境《しょうきょう》・香境《こうきょう》・味境《みきょう》・触境《そくきょう》の五つの境（対象）に対してはたらくもので、いわゆる視覚・聴覚・嗅覚・味覚・触覚に該当します。総じて、感覚のことです。もちろん、そうした感覚は、それぞれに対応する感覚器官をへて行なわれます。これらの五識は、共通して、現在の境だけをただそのままに認識するという特徴をもっています。

たとえば、紅色の花を前にして眼識が生起するというのは、眼識の相分《そうぶん》であるそのような色境について、紅色をおびた一定の形状をただそのままに直覚的に認めるだけです。そこには、そのものを意味づけるコトバというものがありません。コトバというものを介さない認識、すなわち、直観です。

この段階では、〈これは紅色の花であり、この花はハスである〉というような理解はありません。しかし、このときの認識の対象は、前に述べた〈三類境《さんるいきょう》〉でいうならば性 境《しょうきょう》です。つまり、そのものの真正なスガタがとらえられていると考えられています。――また、ハスの花には、なんとも言いようのない素晴らしい香りがありますから、このとき、当然、鼻識も生起しています。もちろん、香りそのものが、そのまま鼻識によって純粋に知られているのみです。

〈これは紅色の花であり、この花はハスであり、そして、とてもいい香りがする〉というような認識は、次の段階、すなわち、〈意識〉の作用によってなされるものであります。眼識から数えて六番目の〈意識〉とは、知覚・感情・思考・意志などの心のはたらきで、

第二章　心の構造

常識的にいうところの心と考えてまちがいありません。得られた情報をどう処理するか――というようなアップ・ツウ・デイトな表現でいえば、得られた情報とは、眼識ないし身識の五識によって認識されたことがらです。そして、それをどう処理するかということは、意識のはたらきの問題であるといえます。なお、眼・耳・鼻・舌・身の五識は、すべて比較的単純な認識作用です。そのため、〈第六意識〉の前にあるものという意味で、これらはふつう、一括して〈前五識〉として取り扱われることになっております。

前五識が起こると同時に生起するのが、第六意識です。そのものをありのままに純粋に認識したものを、〈これは紅色のハスの花であり、たとえようもなくいい香りだ〉、と明瞭に認識する――。それが、意識の作用です。また、前五識では、ただ現在の対象がありのままに直観されるのみでしたが、第六意識は、現在はもちろん、過去に遡ったり未来に継続して作用します。

前五識による現在の境のありのままの認識は、感覚器官を通してなされるものですから、その感覚器官、たとえば眼を閉じてしまえば、眼識による認識はその時点で終わってしまいます。前五識による認識は、このように、その場かぎりのものなのです。しかし、意識では、それまで見ていたハスの花について、心のはたらきを継続することができます。継続性があるからこそ、後からそのハスの花についてさまざまに考えをめぐらしたり、想いをはせることもできるわけです。過去を回想し、未来を予想する――、あるいは、さまざまな推測や比較、そして、そうしたものの総合。そのような心のはたらきが、第六意識であります。

このように、前五識と意識とでは、その認識作用の範囲、あるいは対象たる境を了別《りょうべつ》するはたらきに、種々の相違があります。しかし、対象の内容を了知・分別、つまり、知り分けようとする心識《しんしき》であることには変わりありませんので、唯識仏教では、前五識と第六意識とを一まとめにして〈了別境識《りょうべつきょうしき》〉と呼びます。そうして、しかも、それらが心の全部ではないというのが、唯識の主張です。

阿頼耶識と末那識

原始仏教以来の〈六識〉の見方に対して、唯識仏教では、私たちの心は〈八識《はっしき》〉によって構成されていると考えました。八識とは、眼識・耳識・鼻識・舌識・身識・意識の六識と末那識《まなしき》および阿頼耶識《あらやしき》です。これは、つまり、〈了別境識〉として一まとめにされた六識だけでは、現実の私たちの行動というものが解明し切れないということにほかなりません。私たち人間が生きているその現実相というものを真摯に見定めようとするならば、不可知ながらも、私たちの意識的な生活にたえず大きく影響をおよぼし、さらに、私たちの生存そのものを大きくその根底からささえている潜在的な心というものがなければならないのではないか——。そうした問題意識を、唯識仏教はもったのでした。

さきに、長年の経験の蓄積というようなことは、第六意識のはたらきの中に収まり切らないものがあると述べました。今、試みに自分の過去をふり返ってみたいと思います。——意識の手のとどく範囲の、なんと浅くて狭いことに改めて驚かされます。私たちは、自分のしてきたことの多くを確かに忘れてしまいます。しかし、してきたことが〈私〉の中にその痕跡をまったくとどめないとしたら、どうでしょうか。もしそうであれば、何事につけ、ものごとの上達ということはあり得ません。しかし、現実に、練習すればしただけの効果というものが確かにあります。そうした経験というものを確実にとどめる心的領域というものを認める必要が、とりあえずあるわけです。

また、たとえば、私たちが熟睡している時、第六意識は、どうなっているでしょうか。当然、そのはたらきは停止しています。これを、仏教では、〈間断《けんだん》〉があるといいます。意識は、常にはたらいているものではなく、トギレがあるということです。これは、常識的にも容易に理解できることですが、同時に、そのトギレをつないでいくものがなければ、統一体としての〈私〉というものが成立しないことも、事実です。私たちのしてきたことの、その痕跡をしっかりと保持しつつ、なお間断のない心の潜在的な領域――。唯識仏教は、そうした心を想定し、それを〈阿頼耶識〉と呼んだのでした。

唯識では、阿頼耶識という心を、このように、過去から未来へと連綿とたえまなく連続する心的領域で、もっとも根本的な心と規定しています。私たちは、日々の学習や仕事の積み重ねによって、徐々に成長していきます。細かくいえば、日に日に変わっている〈私〉であるはずなのですが、昨日の私と今日の私とは同じであり、一年前の私と今の私とも、そんなに違いはない――。こうした素直な感じを、私たちは常にもっています。この、変わりつつも変わらない自分というものが確かに根底にあって、そして、それによって私たちの生活がそれなりに安定を保っているといえます。そして、その根底が、阿頼耶識であります。

ところで、〈変わりながらも変わらない自分〉といっても、もちろん不変の実体ではなく、基本的には無常性のものです。しかし、そうしたものが過去から未来へと相続していくところに、なにか不変で確固とした自己があると錯覚してしまう――。そのようなはたらきをする心も、また、確かに私たちの中にあるといわれています。そうした心も、唯識仏教によってはじめて明らかにされたもので、その心は〈末那識〉と呼ばれています。ひそかに、たえまなく自己に執着してやまない心という意味であります。

さきに、得られたところの情報をどのように処理するかということが、第六意識のはたらきの一つであるといいました。その処理にさいして、意識はまったく自由かというと、どうもそうではないようです。これに関して、唯識仏教は、意識は第七識の末那識を所依《しょえ》とすると説いています。所依とは、よりどころという意味です。自分では、いかにも正しい判断をしているつもりでも、私たちの判断は本質的に自分の都合のいいような判断の域を出ないものだ、という主張です。第七末那識は、もとより第八阿頼耶識がそのよりどころです。このように、阿頼耶識がもっともベーシックな心であるというのが、唯識仏教の考え方であります。

以上、唯識仏教は、心の構造として眼識・耳識・鼻識・舌識・身識・意識の六つの表層の心と末那識・阿頼耶識の二つの深層の心という八つの心識を考え、それによって私たちの心の実態を解明しようとしました。

私たちの心は、すでにみたように、認識の対象をその心上に〈影像《ようぞう》〉として変現するというはたらきがあります。そこで、心を単に〈心〉といわないで、〈能変《のうへん》の心〉というのですが、この能変ということが三層から成り立っているという構造を、唯識は示しています。

初能変《しょのうへん》の心とは、阿頼耶識のことです。過去のあらゆる体験・経験の痕跡をかならずとどめているという阿頼耶識が、私たちが事物を認識する時、まず、ものを言うというのです。経験の深さというものは、やはり、ぬきがたいものなのです。

第二能変は、末那識です。自己へのはげしい執着が認識対象を能変する――。

そして、それらの影響のもとで、意識・前五識が具体的な了別作用、すなわち、ものを知り分けるはたらきを起こすのだというのです。しかし、その時、たとえば気持を集中して見・聞きしている時とそうでない時とでは、見えるもの・聞こえるものがおのずと違ってきます。注意するということは意識などの了別境識のはたらきですから、意識が認識対象を能変しているわけです。これが、第三の能変です。

――私たちが、ものごとの真正なスガタを如実に知るということは、たいへん難しいことなんだ、ということがわかります。

こうした唯識による心の構造を図示すると、つぎのページのようになります。

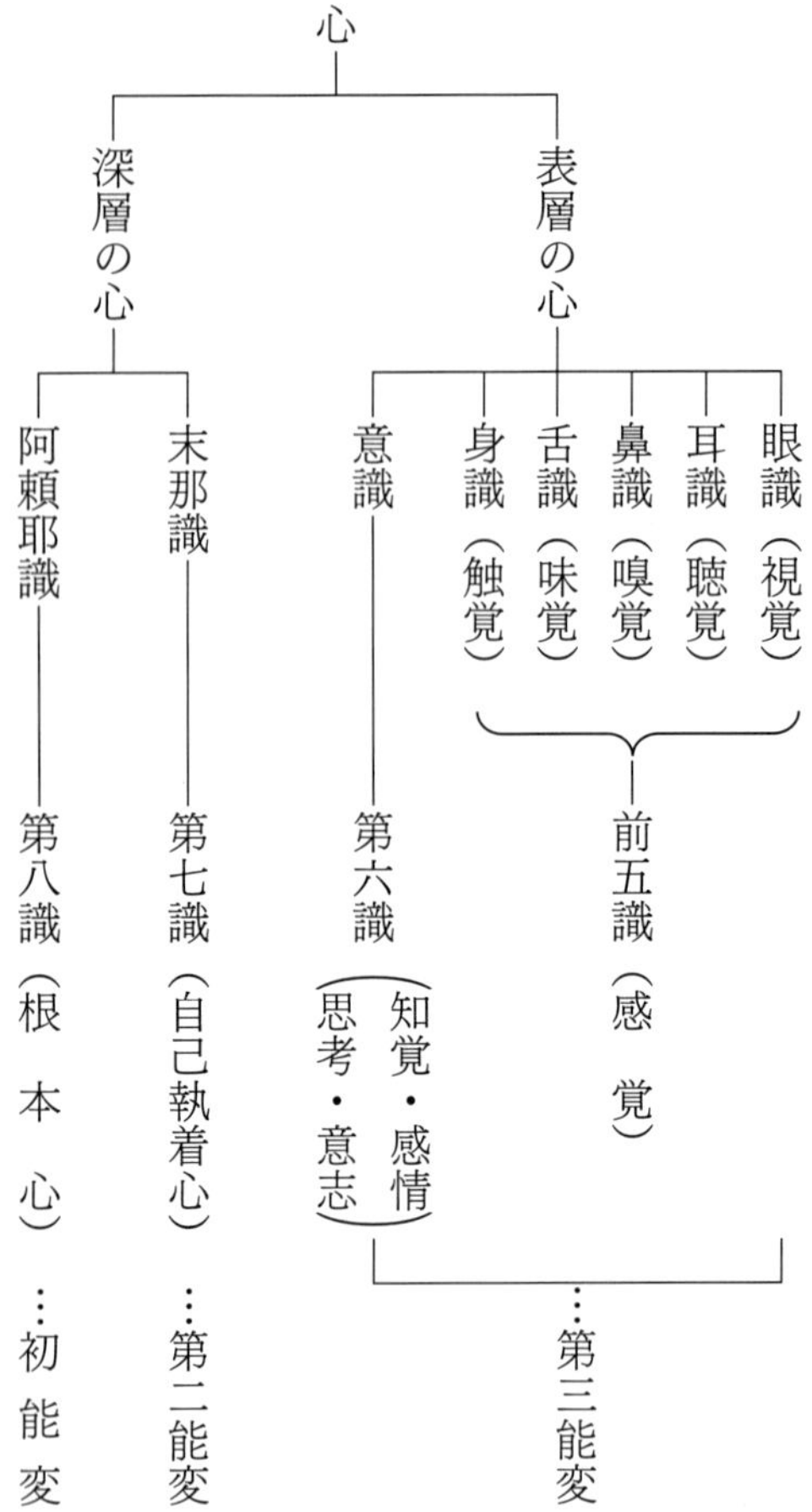
心
深層の心
表層の心
阿頼耶識
末那識
意識
身識（触覚）
舌識（味覚）
鼻識（嗅覚）
耳識（聴覚）
眼識（視覚）
第八識（根本心）
第七識（自己執着心）
第六識（知覚・感情 思考・意志）
前五識（感覚）
…初能変
…第二能変
…第三能変

第三章

心のはたらき

心王と心所

私たちは、日常、なにげなく「心」などとおおまかに述べてすませていますが、その心ということについて、唯識仏教は、八つの心（八識）があると考え、しかも、それらが三能変という力学的な構造になっていることを明らかにしました。

その八識は、詳しくは〈八識心王《はっしきしんのう》〉といいます。心というものは、もちろん一体のものですが、それを便宜上、主体とその主体がもつ作用とに二分するとき、主体を指すコトバが〈心王《しんのう》〉です。王とは、主たるものという意味です。それに対して、主体の心王とともに起こる作用を〈心所有法《しんしょうほう》〉といいます。心王に所有される、あるいは心王が所有する法（はたらき）という意味です。ふつう、〈心所《しんじょ》〉と略して呼びます。前章では、このなか、主体である心王について簡単にみたのですが、ここでは、心王にともなって生起する心作用についてみてみたいと思います。

心を、主体と作用という二つの面で考えようとするのが〈心王・心所〉の分類ですが、唯識では、主体の心王自体が、まず、ものごとの体相、あるいは総相を認めて分別・慮知の作用を起こすと考えられております。つまり、主体たる心王が、まず、概括的な認識をしてしまうわけです。そして、その心王が活動し出すにしたがって心所が生起し、そのものをさらに詳細に認識しながら、さまざまな思いを起こしていく――。たとえば、青色の箱を目の前にして、それが、ただおおまかに青色の箱であると認めるのが〈心王〉であり、その上で、箱全体は濃いブルーだが、蓋の部分だけはライト・ブルーだというように認識を深めていくのが〈心所〉です。そして、もちろん、こういう箱をほしいと思うのも〈心所〉であります。――ものであれ、人であれ、事件であれ、私たちは、こうした流れで認識作用をそれなりに完成させているのです。

　そうした心所という心作用は、六種五十一があると考えられています。それらを、『大《だい》乗百法明門論《じょうひゃっぽうみょうもんろん》』によって掲げますと、次のようになります。

①遍《へん》行《ぎょう》位《い》――作意《さい》・触《そく》・受《じゅ》・想《そう》・思《し》
②別《べっ》境《きょう》位《い》――欲《よく》・勝解《しょうげ》・念《ねん》・三摩地《さんまじ》・慧《え》
③善《ぜん》位《い》――信《しん》・精進《しょうじん》・慚《ざん》・愧《ぎ》・無貪《むとん》・無瞋《むしん》・無癡《むち》・軽安《きょうあん》・不放逸《ふほういつ》・行捨《ぎょうしゃ》・不害《ふがい》
④煩《ぼん》悩《のう》位《い》――貪《とん》・瞋《しん》・慢《まん》・無明《むみょう》・疑《ぎ》・不正見《ふしょうけん》
⑤随煩悩位《ずいぼんのうい》――忿《ふん》・恨《こん》・悩《のう》・覆《ふく》・誑《おう》・諂《てん》・憍《きょう》・害《がい》・嫉《しつ》・慳《けん》・無慚《むざん》・無愧《むぎ》・不信《ふしん》・懈怠《けだい》・放逸《ほういつ》・惛沈《こんじん》・掉挙《じょうこ》・失念《しつねん》・不正知《ふしょうち》・心乱《しんらん》
⑥不《ふ》定《じょう》位《い》――睡眠《すいみん》・悪作《おさ》・尋《じん》・伺《し》

このように、五十一項目が漢字で列記されますと、なにがなんだかよくわからず、誰しも、ちょっと閉口してしまいます。しかし、その一つ一つは、唯識仏教が釈尊以来の仏教の永い伝統の上に立ちながら、人間行動の現実相を凝視した結果、私たちの日常の具体的な心のはたらきとして集約したものですから、煩を厭わず目を通したいものです。

たとえば、《善》は、みずからを向上させていく善なる心のはたらきのグループです。もちろん、こうした心作用の持続が、私たちを仏や菩薩の世界へと押し上げていくものであるというのが仏教の基本的な考え方です。そして、その反対に、私たちの身心を熱悩《ねつのう》させてやまない心のはたらきが、《煩悩》および《随煩悩》の二十六項目です。これらの心所は、まことに具体的な心のはたらきです。そうした具体的な心的作用が、このようにはっきりと提示されていることに、心の実態を深く考察しようとする唯識仏教の、宗教としての〈人間をみる眼〉のあきらかさが顔をのぞかせているように思います。——人間行動というものを、善と煩悩との交差の上に見すえながら、なお、どこまでも悩み深いものとして捉えていこうとする人間観であります。そして、身心を熱悩させるこれらの心作用の微妙な絡み合いのなかにこそ、私たちの日常生活が営まれているのだという真摯な反省の上にしか、宗教の世界は成立していかないことを、私たちに語りかけています。

――これら《善》《煩悩》《随煩悩》の三つについては、第六章・第七章において取り上げることとし、ここでは、《遍行》《別境》《不定》の心所の各項目をできるだけ簡単に記述してみたいと思います。

遍行と別境

《遍行》とは、すべての心王・心所が起こる時、かならず生起するもので、もっとも基本的な心理作用です。この遍行のグループには、〈作意《さい》〉〈触《そく》〉〈受《じゅ》〉〈想《そう》〉〈思《し》〉の五つがあります。

どの場合でもそうですが、認識が成立するためには、まず心が目覚め、そして、対象への関心を起こすことが必要です。〈作意《さい》〉は、対象に対する関心を惹起させていく作用です。心を起動させるはたらきが、作意であるといえます。

つぎに、目覚めた心が対象に触れることによって、認識がしだいに成立していく状況がつくられます。〈触《そく》〉は、心をそうした状態にする作用です。具体的には、つぎの〈受〉〈想〉〈思〉が作用していくよりどころとなるものです。

そこで、問題になるのが、今、認識対象として受け入れたものが、〈私〉にとっていいものなのか、よくないものなのか、あるいはそのどちらでもないものなのか、ということであろうと思います。認識対象を基本的にどう受け取るかという問題に答えを出すのが、〈受〉という心的作用です。対象が、自己にとって感覚的ないし感情的に不快・苦と感ずる場合を〈苦受《くじゅ》〉、快・楽と感ずる場合を〈楽受《らくじゅ》〉、そのどちらでもないのを〈捨受《しゃじゅ》〉といい、この分類を〈三受〉といっています。

――ものごとを認識していくという作業において、私たちの心は、まったく初期の段階から、はやくも好悪愛憎の情念をからませ、わきたたせるはたらきをしていることになります。

もっとも、〈捨受〉という受け取り方もありますから、「対象の領受」のすべてが感情のからんだものであるわけではありません。快・不快・苦・楽いずれの感覚や感情もわいてこない対象というものも、私たちの日常生活には確かにあります。たとえば、自分の器量以上のものに対峙した場合など、その認識対象がどのように推移していくか、私たちは模様眺めする――。このような対象の領受も、捨受の一つであろうと思います。

〈想《そう》〉は、事物の像を心の中に写し取り、それに名言《みょうごん》をほどこすことである、と説かれます。この心所は、認識の対象として受け入れたものを、さらに〈私〉のもつ枠組みにあてはめていくはたらきです。そのとき、認識の対象たるものが何であるのかが、明確に把握されることになります。

――ものを捉えていく上で必要な枠組みというものについては、誰もが自分なりのものを持っています。しかし、それは、もちろん、社会や民族、そして、その文化の影響を強く受けているものです。なぜなら、その枠組みの最たるものは、言語だからです。ふつう、つまり、第六意識のレベルでの認識という意味ですが、私たちがものごとを明確に把握できるのは、コトバという枠組みがあるからに他なりません。もっとも、枠組みというものは、同時に一つの制約でもありますから、コトバによる明瞭な認識というものが、真正な認識であるかどうかは、また、別の問題です。なお、コトバを実際に駆使して認識の対象をさらに明確化しようというはたらきは、実は、この〈想〉の段階ではなく、後述の《不定》の〈尋《じん》〉〈伺《し》〉の心所の領分と考えられています。――認識すべきものの像を心中に明確に写し取り、それに、自分なりの行動や思考のパターンをほどこしていく心的作用が〈想〉です。

〈思《し》〉の心所には、①審慮思《しんりょし》②決定思《けつじょうし》③動発勝思《どうはつしょうし》という三つの段階があると考えられています。〈審慮思〉とは、〈作意〉〈触〉〈受〉〈想〉という基本的な心理作用によって明らかに認識され、その上で、さまざまな判断が加えられたその対象に対して、具体的な行動〈業〉をとろうかとるまいかを、あれこれ思いめぐらすことです。〈決定思〉は、対象に対してある種の具体的な行動をとろう——、あるいはしないでおこうという決定をする心のはたらきです。そして、〈動発勝思〉は、その決定された内容を受けて、具体的な行動を発動させる心的作用です。

具体的な行動といえば、私たちは、身業《しんごう》・口業《くごう》・意業《いごう》という三つの行ないによって、日常生活を成り立たせています。身業とは、身体的動作をともなう行動であり、口業とは、言語的行動、そして意業とは、心のなかであれこれ思量することであります。他人がうかがうことができないわが心中のひそかな思いもまた、一つの立派な行動であるというのが、仏教の基本的な考え方の一つです。

ところで、私たちの具体的な行動の原動力となる心のはたらきが〈思〉という心所ですから、これら身・口・意の三業の体《たい》（主となる性質）も、〈三思〉に求められています。すなわち、身業・口業は〈動発勝思〉、意業は〈審慮思・決定思〉をその体とする、と考えられています。

《別境《べっきょう》》とは、前の《遍行》とは異なり、どのような場合でも必ず生起する心のはたらきではなく、特定の対象に対してのみ作用するものです。これには、〈欲〉〈勝解〉〈念〉〈三摩地〉〈慧〉の五つがあります。

この《別境》における対象の、その性質については、当然のことながら、善・悪・無記（善でもなく悪でもない）いずれの場合もあると考えられています。これは、《遍行》の場合と同様なのですが、《別境》では、各項目が善なる心のはたらきに焦点をあてて説き明かされています。――これは、唯識仏教の心の分析が、あくまで「仏心参入《ぶっしんさんにゅう》」をその目的としているからに他なりません。

〈欲《よく》〉は、興味・関心をおぼえた対象に対して、これを得よう、あるいは見・聞きして、より深く覚知しようと希望する心作用です。この〈欲〉の心所が、善のレベルで作用する時、それは、私たちに宗教的世界への足がかりを提供することになります。すなわち、《善》の心所の〈精進《しょうじん》〉のよりどころとなるわけです。――私たちをして、仏道に一途にさせずにはおかない心のはたらきの根底にあるのが、善のレベルで作用する〈欲〉、善欲です。

〈勝解《しょうげ》〉は、一定の考え方によって、対象を信認して受持していく心のはたらきです。そうした心的作用は、すぐれた理解をもたらしますので、「勝解」というのです。

この心所も、善・悪・無記のいずれにも作用するものです。しかし、「勝解」というコトバには、正しいというニュアンスがあって、すでに善なるものを予想していますので、一定の考え方とは仏教の考え方に他なりません。仏教によって、自己と環境との関係というものを確認していく——。そうしたところにこそ、一つの確固としたすぐれた了解が成立するのであって、そこに引転《いんてん》というものがあろうはずがない、と説かれています。引転がないとは、〈勝解〉による認識内容は、容易にくずれないものだ、という意味であります。

〈念《ねん》〉の心所は、以前に認識した対象を忘却しないという心のはたらきです。心に強く銘記して忘れない心的作用があるために、私たちは、認識した特定の対象に対して、深く心を注ぐことができるわけであります。この、対象に深く気持を集中させ心を乱れさせない心所が、〈三摩地《さんまじ》〉です。この〈三摩地〉は、〈念〉という心のはたらきに支えられてはたらく心所で、また、智慧を生ずる基礎となるものです。三摩地とは、インドの古典文章語であるサンスクリット語のサマーディというコトバを漢字によって音写したもので、「定《じょう》」と訳されます。

そこで、ふつう「定」といいますと、戒・定・慧の三学とか禅定という仏教修行の一部門のことが連想されるのではないかと思います。仏教では、こうした定心によって、真の智慧が導きだされるのであると考えられています。しかし、《別境》の心所としての〈三摩地（定）〉は、その善レベルでの作用が期待されるものではありますが、基本的にはあくまで善・悪・無記いずれにも作用し得るものなのです。したがって、禅定や戒定慧の定そのものではありません。――日常、私たちが、気持をなにか一つのものに集中させている場合がありますが、〈三摩地（定）〉の心所は、主にそうした対象への心の集中という、一般的な心理作用（これを、生得《しょうとく》の散定《さんじょう》――生得定――といいます）を指しています。

ちなみに、「定」には、この生得定と、相当の仏道修行を持続した結果修得されるという修得《しゅとく》の禅定（修得定）という二種があります。真実の智慧の開発は、もちろん、後者の修得定によらなければならないものです。しかし、私たちにとって容易に手の届きそうもない修得定も、生得定という生来私たち誰もがもっている一般的な心的作用と、どこかでつながっていることを思う時、力強い励ましを感じないではいられません。

〈慧《え》〉とは、認識の対象を選び分け・選り取っていく心のはたらきです。

この花器は、信楽焼のようにみえるけれども、伊賀焼であると確定して判断する――。

その決定によって、信楽か伊賀かという一つの疑いというものを断じ去ることができます。こうした心的作用が、〈慧〉であります。

この〈慧〉の心所もまた、善・悪・無記いずれの方向にもはたらくものです。このなか、悪のレベルで作用する〈慧〉は、対象について誤った判断をしますので、《煩悩》の〈不正見〉の心所として別掲されています。誤った見方というものが、いかに私たちに支障をおよぼし、どれほど私たちを仏の世界から遠ざけるものであるか――。それを、一般的な心的作用として論じ去ることができないからです。

ところで、《別境》は、おおむね、眼・耳・鼻・舌・身・意の六識、つまり、表層の心における心のうごき・はたらきであります。しかし、最後の〈慧〉の心所だけは、六識のみならず、第七末那識という深層の心にもあると考えられています。末那識は、すでに述べたように、意識が活動を停止している時も、絶え間なく自己のみにかぎりなく愛着をいだく心であります。——執着するには、まず、執着の対象を選び分け・選り取っていくはたらきがなければなりません。そのはたらきとは、《別境》の〈慧〉の心所に他なりません。末那識に執着の対象を提供するものが、他ならぬ〈慧〉の心所なのです。そこで、〈慧〉は、六識のみならず第七末那識にも相応する心所であると説かれるのです。

不定の心所

《不定《ふじょう》》のグループには、〈睡眠《すいみん》〉〈悪作《おさ》〉〈尋《じん》〉〈伺《し》〉の四つの心所があります。というより、これら四つの心のはたらきは、《遍行》《別境》《善》《煩悩》《随煩悩》のいずれにも分類することができない性質の心所で、むしろ、そのような心のはたらきを一まとめにして、それを、《不定》と呼んだのであろうと考えられます。

たとえば、これらの心的作用は、第六意識において作用するものであります。したがって、どんな心王・心所にもかかならず生起するという《遍行》のグループに入れることができません。そして、《善》や《煩悩》のように、その作用の性質がはっきりときまっていないのです。

〈睡眠《すいみん》〉とは、いわゆるねむりそのものではなく、そのねむりにさいして作用するものです。私たちをボンヤリした状態にするはたらきが、〈睡眠〉です。気持がキリッとせず迷昧な状態の時、私たちは、ものごとを明確に認識することができません。まして、その本質を見通すことなど、とてもできるものではありません。なお、ねむりも熟睡の状態（これを極睡眠《ごくすいみん》といいます）になりますと、〈睡眠〉の心所は起こりません。熟睡時、意識のはたらきは停止するからです。

〈悪作《おさ》〉は、「悔《け》」ともいいます。――あの時、どうして私はあんな馬鹿なことを言ってしまったのだろうか、と、自分の行為を後になって思い起こして後悔する心のはたらきが、〈悪作〉であります。また、あの時、なぜこの一言が言えなかったのだろうか――と、行為の未遂を後悔するのも、この心所のはたらきです。いずれにしても、その結果、心が穏やかでないのが特徴です。

この心所も、善にも悪にも、あるいは無記にも作用します。善のレベルにおいて、過去の行為を嫌悪してふり返ること自体、悪いことではありませんが、心が穏やかでなく、したがって、冷静な対応ができない点が問題であるといえます。――私たちにとって、おなじみというべき心のはたらきであります。

反省はするが、後悔はしない――。そんなコトバを座右銘としている人がいます。それだけ、私たちの人生は、後悔ということがどこまでもついてまわるもののようです。

〈尋〉〈伺〉は、《遍行》の〈想〉の項で述べたように、コトバによって認識の対象をさらに明瞭なものにし、考察を深めていくはたらきです。このなか、より詳細にものごとを検討する作用のあるのが、〈伺〉の心所です。これらの心所は、そのはたらきからいって〈思〉および〈慧〉の一部ですが、第六意識における心のはたらきですから、《遍行》や《別境》の心所としては扱われないのです。

第四章

経験の蓄積——心の潜在的な領域 1

初能変の阿頼耶識

唯識仏教は、私たちの心を詳細に分析して、それが八つの領域から成り立っていることを確信するに至りました。それらの八つの心的領域は、感覚をつかさどる〈眼・耳・鼻・舌・身の前五識〉、知覚・感情・思考・意志などの心理作用の主体である〈意識〉、自己執着心の〈末那《まな》識〉、そして、これら七つの心識を大きくその根底から支える〈阿頼耶《あらや》識〉です。そして、それと同時に、唯識仏教を築いた人々は、これら八種の心王《しんのう》が、私たちをとりまくあらゆるものを、三つの段階にわたって能動的に変えていく作用をもつものであることをも、見きわめました。これを「三能変《さんのうへん》」というのですが、そのなか、なんといっても重要なのが、初能変《しょのうへん》、すなわち、第八阿頼耶識であります。本章では、まず最初に認識の対象を能変していく主体である阿頼耶識について、みてみたいと思います。

阿頼耶識の「阿頼耶」とは、サンスクリット語のアーラヤというコトバを、漢字によって音表したものです。意味をとって翻訳すれば、「蔵」となります。したがって、阿頼耶識のことを〈蔵識《ぞうしき》〉ともいうのです。このように、アーラヤは「蔵」と訳されるコトバですから、何かを「保有する」という意味をもっています。そこで問題になるのが、阿頼耶識とは、一体何をその中に保有しているものなのか、あるいは、阿頼耶識の中には一体何がおさめられているのか、ということであろうと思います。

八識心王の中で、その中心は何か――。そういう問いに対して、日常生活者としての実感を正直にいえば、それは第六意識であろうと思います。実際、私たちは、意識のさまざまなはたらきによって、日々の生活を営んでいます。しかし、すでに述べたように、その意識には間断《けんだん》、トギレがあります。つまり、意識は、常に活動しているものではなく、そのはたらきを停止してしまうことがあるのです。熟睡や気絶などの場合がそうです。気絶などというのはめったにあっては困りますが、熟睡のほうは毎晩かならずあります。このように、意識は継続しているようにみえても、かなりブツブツととぎれているものなのです。そうしたものをつなぐ心的領域がなければ、私たちは、統一した個体として生存できません。そこで、そのような意識的、あるいは自覚的な生活を大きくバックアップする心的領域として想定されたのが、〈阿頼耶識〉であります。

ところで、私たちの行為・行動というものは、一般に、人とのまじわりにおいてなされるものです。したがって、それが終わった後に、それに対する何らかの評価がかならず待ちうけていて、行為の余韻が、多少なりとも社会的に残るものであります。極端な例をいえば、私たちの社会の向上に貢献した行為は「すぐれた業績」として、またその反対に、反社会的な犯罪などの場合は「前科」として、それぞれその社会的な評価が明確にかきとどめられます。ただ、いずれの場合も、そうした社会的評価は、かかる行為が、他者の眼にふれることによって、はじめて可能なのです。

では、他者の眼にふれなかったならば、どうでしょうか。――人目のないところで、いじわるのタネを仕かけておく。誰もみていないのですから、その行為は、その人の世間的な評価につながるはずもありません。「ひどいことをする人もいるものだ」という声を知らぬ顔で聞いて、彼は、ペロッと舌を出して一件落着です。たしかに、社会的にはそれですんだかもしれません。しかし、彼その人においては、どうなのでしょうか。

また、身《しん》・口《く》・意《い》の三業《さんごう》のなか、心の中におけるさまざまな思い（意業）というものは、まったく他者の眼をよせつけません。しかし、心のはたらきの〈思〉の心所の項でも述べたように、仏教においては、心中のひそかな思いさえも、すでに一つの立派な行為として取り扱われるものなのです。

――ここで、唯識仏教は、私たちの行為というものは、それがどのようなものであれ、その行為のいわば気分が、かならず心の中、具体的には阿頼耶識の中に印象づけられてしまうものなのである、と説きます。すなわち、私たちの行為の痕跡というべきものを、その中に保有しているというのが、阿頼耶（蔵）の意味であります。

自ら人目を慎むと雖も、
全く冥の照覧を忘れぬ。

これは、鎌倉時代に活躍された唯識仏教の巨匠、解脱上人貞慶《げだつしょうにんじょうけい》（一一五五〜一二一三）のコトバです（『愚迷発心集《ぐめいほっしんしゅう》』）。私たちは、周囲の人々の眼のあることを充分に意識して、評価の対象となる身業や口業についてては、おのずと慎んでいこうとします。しかしながら、人目のないところ、あるいは心の中であれこれ思う意業は、どうでしょうか。正直に告白するならば、他人のうかがい知れないわが〈思いの世界〉は、何ともあさましく、乱れがちです。しかし、そんな人目のとどかぬところにこそ、実は、神仏の眼がそそがれているのだ、と、解脱上人は述べています。人目がないからといって、自分というものを粗末にしてはならない――というのです。

私たちの思いの世界は、実に整わないものです。そして、そこにおいて、しばしば人知れず息を抜く――。そうしたことも、私たちは、その後の人生においてひとつの重荷として背負って生きていかなければならない、と、唯識仏教は説き明かすのです。

端的にいえば、阿頼耶識とは、私たちの今までしてきたことのすべてを記憶にとどめる

解脱上人貞慶画像（興福寺蔵）

第四章　経験の蓄積——心の潜在的な領域　1

心的領域であります。そして、そのように心底に残存してひそかに蓄積されたわが日常のさまざまな行為・行動の気分が、おのずからにじみでてくる――。それが、私たちの心のメカニズムなのだ、というのが唯識の言い分です。

そして、そういうものが、ものごとの認識ということにおいておのずとにじみでてくるのを、初能変《しょのうへん》というのです。過去のあらゆる体験・経験の気分をとどめる阿頼耶識が、まず第一に認識の対象を能変していく――、それが、初能変であります。この、おのずとにじみでてくるものを、私たちは意識的に操作することができません。私たちは、ほかでもない自分自身の過去のすべてによって、まず能変されたところのものを認識の対象とせざるを得ないのです。そこが、初能変・阿頼耶識の心王として根本的なところであり、また、こわいところでもあるのです。

こうした阿頼耶識に深く思いをいたせばいたすほどに、こんにちただいまから、もはや、日常生活を営むにチャランポランであってはならぬことが思わしめられます。そして、そういう認識というか自覚にもとづく生活態度というもの――それをこそ、唯識仏教は私たちに求めているといって過言ではありません。

種子の熏習

唯識仏教は、阿頼耶識という深層心のあることによって、私たちに、日常の行動の一つ一つがすでにやりっぱなしというわけにはいかないことを、強く示唆しているようです。

私小説作家は、自分の生活態度、ないし人生そのものをその題材にするといわれますが、だからといって、そのすべてをオープンにしているわけではありません。——人間誰しも、他人にはどうしても知られたくないことがあるのです。しかし、それが、仮に人の眼にふれずにすんだからといって、決して助かったとはいえません。なるほど、社会的・世間的には助かったかもしれないのですが、〈私〉の内部では、その具合の悪い行為は消えることなく、ながくその痕跡をとどめるのです。そして、心底に記憶された行為の痕跡が、その後の〈私〉に大きく影響していく——。

もちろん、すばらしい絵画をみて身ぶるいするほど感動したこと、あるいは、雄大な自然にいだかれて何もかも放下《ほうげ》し去ったかのようなひと時を過したというような経験も、かならず深層の心である阿頼耶識にためこまれていくのです。

さて、そこで、こうした私たちの行為・行動は、一体どういうカタチで、そしてどんなプロセスで、阿頼耶識という心底に残存し蓄積されていくのでしょうか。――唯識仏教では、それを、〈現行《げんぎょう》は、その種子《しゅうじ》を阿頼耶識中に熏習《くんじゅう》する〉と説明します。〈現行〉とは、現実の具体的な行ないを意味していると考えていいのですが、そうした現実の行為・行動が、〈種子〉というカタチをとって阿頼耶識に熏習されていくというのです。

〈熏習《くんじゅう》〉とは、香りが衣服などに移り付着するように、行為というものは、かならずその印象・気分をその人間の心底に植えつけ、ながくとどまる作用をもつということです。そして、また、阿頼耶識に熏習、すなわち植えつけられた行為の印象は、〈種子〉と呼ばれます。それは、その後の自己を形成していく力となるからです。阿頼耶識にひそかに印象づけられ保有される種子は、いろいろな条件が整えば、ふたたび具体的な結果、つまり、現行をもたらします。それは、ちょうど、植物のタネのようなものですので、〈種子〉というのです。しかし、タネのようだからといって、〈種子〉を、物質的で実体的なものと理解するのはまちがいです。

〈種子〉とは、古来、〈第八識中の生果《しょうが》の功能《くうのう》〉と説明されます。すなわち、第八阿頼耶識の中にあって、現行という果を生みだす原因としての力のことなのです。〈種子〉が印象勢力であって、実体的なものでないのは、〈種子〉が、また、〈習気《じっけ》〉とも呼ばれることによってもわかります。〈習気〉とは、熏習によって生じた気分という意味であります。

なお、〈種子〉を「しゅうじ」と読むのは、唯識仏教独特の読み癖です。こうした〈熏習〉や〈種子〉というコトバは、唯識仏教では、たいへん重要なコトバであります。決して一般的なものではありませんが、このさい、記憶にとどめていただきたいと思います。ちなみに、どちらも、『広辞苑』などにも収録されているコトバです。

ところで、岡倉天心は、その著『東洋の理想』のなかで、「けだし、過去の影は、未来の約束だからである。いかなる木も、種子の中にある力以上に偉大になることができない」と述べています。天心は、おそらく唯識とは関係なく、一般的な意味で「種子」というコトバを用いたのであろうと思います。したがって、この文章も一般的な真理を述べたものというべきでしょう。しかし、過去というものが、未来の形成にぬきがたく影響をおよぼすものであることは、唯識仏教においても、また、真理であります（正確にいえば、真理の一半というべきです。これについては、〈蔵の三義〉の項、参照）。

聞くところによると、九世三宅藤九郎という狂言師は、たいへん厳しい稽古を自らに課した人ですが、その人に、「舞台に僥倖《ぎょうこう》というものはない」というコトバがあるのだそうです。僥倖とは、この場合、偶然の好演技ということでしょう。偶然、うまくいく——などというのはあるようで、本当はあろうはずがない。もちろん、期待などさらさらすべきものではない。すばらしい舞台は、まったく平素の稽古による自己の練り上げにかかっているのだ――。この狂言師のつぶやきは、およそ、こういう意味であったであろうと思います。

たしかに、阿頼耶識に蓄えてもおらぬものが、突然ヌッと舞台に出てくるわけがありません。阿頼耶識に蓄えられていないものは、どうがんばったところで出しようがないのです。

こうしたことは、舞台の人間ではない私たちにしても、同様であります。どういうものをわが阿頼耶識に熏習していくか――。それが、まさにこれからの私たちの問題です。「舞台」を人生という語に置き換えて、「人生に僥倖というものはない」として、このコトバを頂戴したいと思います。

無始以来の熏習

私たちの行為というものは、すめば終わりという簡単なもの、あるいは無責任なものではないというのが、唯識の言い分です。それは、事後に、かならずその印象勢力〈種子〉を第八阿頼耶識に蓄積していく〈熏習〉という作用がひかえているからであります。ここが、唯識の考え方の一つの大きなポイントであろうと思います。

そうであれば、阿頼耶識とは、人生のありとあらゆる経験の総体であり、同時にそれは、現在の〈私〉そのものに他ならないともいえます。――この世に生をうけて以後のすべての行為・行動が、少しも漏れることなく心底に熏じられ、そして、現時点の自己にぬきがたく影響をおよぼしていることを静かに思う時、私たちは、いいようもなく深い感慨を持たしめられます。

しかし――。この熏習について、唯識仏教では、〈無始以来《むしいらい》の熏習《くんじゅう》〉ということを説いています。これは、始めなき永遠の過去からの熏習ということであります。すなわち、阿頼耶識の中に保有されている行為・行動の痕跡〈種子〉は、単に、私たちがこの世に生まれおちてからのものだけではないという意味であります。

私たちには、生き続けたいという強烈な〈生への執着〉があります。その人生が、一向に自分の思うようにならない人生であっても、この生をどこまでも持続したいという思いがあります。こうした生への執着心によって、苦が生ずるというのが仏教の大枠の図式ですが、生存ということだけに限っていえば、この生への執着があるからこそ、私たちは、日々の生活を持続していくことができるわけです。そうして、私たちは、この執着心を死の寸前まで強固に持ち続けるといいます。あるいは、死を目の前にするからこそ、「生きたい――」という思いを、人生の中でもっとも強くいだくのかもしれません。しかし、いずれにしても、生の最後の最後まで、生きることに強く執着するために、次生に転生してしまうのだと、仏教は説きます。これが、〈輪廻転生《りんねてんしょう》〉という考え方であります。

私たちの現在の生存を、この考え方に照らせば、私たちがここにこうして生活していること自体、前生においてその生に強く執着していたからに他なりません。そして、その前生は、前々生における〈生への執着〉によってもたらされたものであるはずです。そうであれば、私たちが今ここに生存しているということは、その過去を無限に遡り得るものであることになるのです。――私たちの阿頼耶識には、単に、誕生日以来のすべての行為の気分・痕跡が蓄積されているばかりではなく、永遠の過去以来の行為・行動の種子が熏じられて保有されてあるということになります。これが、〈無始以来の熏習〉です。

この教説にふれて、私たちは、そのどこまでも深い阿頼耶識に唖然とせざるを得ません。そして、そこには、どのようなものが熏習されおさめられているのであろうか、と不気味な思いに駆り立てられもします。しかし、茫漠たるわが阿頼耶識にたじろぎつつも、もう一度、一体何が〈私〉をしてそのように無始以来の生を歩ましめたのかということを、静かに思うべきでもあろうと思います。――そうした時、とりもなおさず自分のはげしい〈生への執着〉というものに、改めて明白に気づかされます。

そして、〈生への執着〉という一般的な表現を、ここで唯識の用語に置き換えてみるならば、いよいよその念を深くせざるを得ません。すなわち、唯識では、輪廻転生の原因を〈惑《わく》〉とし、その具体的な内容が、《煩悩《ぼんのう》》《随煩悩《ずいぼんのう》》という心のはたらきであります。前章において、その〈心所《しんじょ》〉の各項目を列記しておきました。一瞥、その心的作用のおぞましさがほぼ理解されると思います。

しかし、いずれにしても、阿頼耶識という深層の心は、単に、私たちがこの世に生をうけてからの体験や経験の習気だけを保有するものではないというのが、無始以来の熏習の意味であります。——こんなことをいえば、唯識教義の埒外かもしれませんが、ある意味で、それは、はるか遠い過去、人類の生い立ち・生命の起源にさえも至るものを秘めているともいえるものです。

そう考える時、一人一人が人類あるいは生きとし生けるものを代表するものとして、そのいのちが尊ばれなくてはならないことを強く感じないではいられません。そして、それと同時に、私たち一人一人が、そうした自覚にもとづく生活を試みる立場にあることを、強く意識する必要があろうと思います。

蔵の三義

すでに述べたように、阿頼耶の原語であるアーラヤは、「蔵」という意味をもっています。阿頼耶識が、〈蔵識〉とも呼ばれるのは、そのためです。私たちの日常のすべての行為は、心の中でひそかに思いめぐらすことをもふくめて、その印象が〈種子〉というカタチで阿頼耶識のなかに熏習され保持されます。それが、「蔵」の意味です。この「蔵」ということについて、古来、①能蔵《のうぞう》②所蔵《しょぞう》③執蔵《しゅうぞう》の三つの意味があるといわれています。それが、蔵の三義です。これは、阿頼耶識のことを考える時、基本になるものですから、今まで述べてきたことをも整理する意味で、蔵の三義をみてみることにしたいと思います。

①能蔵《のうぞう》とは、この深層の心が、私たちの経験のすべてを〈種子〉としてよく保持する性質をもっていることを示したものです。一切の種子を、能く蔵する心ということです。

このように、能蔵には〈種子〉を保持するという意味がありますので、能蔵とは持種《じしゅ》の義であるといわれます。これを、〈種子〉の側からみれば、阿頼耶識に所蔵されるものであるわけですが、その〈種子〉そのものを取り上げて考えてみると、〈種子〉とは、現行を生起させるもの、すなわち、自己形成の大きな原因となるものです。このような、ことの原因という因相から、阿頼耶識をみる場合は、これを〈一切種子識《いっさいしゅうじしき》〉と呼びます。

②所蔵《しょぞう》とは、受熏《じゅくん》の義であるといわれます。私たちの現実のさまざまの行為は、その印象気分である〈種子〉を第八阿頼耶識に能く熏習します。これを能蔵とすれば、熏習を受ける立場である阿頼耶識が所蔵となります。このように、所蔵が受熏の意味をもつのですが、このことを行為・行動のほうからみるならば、熏習を受ける阿頼耶識とは、行為の結果としての阿頼耶識ということでもあります。こうした果相からみた第八識を、〈異熟《いじゅく》識《しき》〉といいます。

阿頼耶識は、すでにみたように、過去から未来へと絶え間なく連続する心的領域であって、断続してはたらく意識による日常生活を大きくバックアップするものです。唯識仏教では、こうした人間存在の基盤といえる第八識を、本来、善でもなく悪でもない〈無記《むき》〉の性質であると考えています。

何となれば、そうした基盤たるものが、たとえば、本質的に悪性であれば、私たちは苦の世界にのみ転々として、永遠にホトケの世界への足がかりを得ることができないことになります。また、その反対に、私たちの本質的基盤が善であるならば、そのすべてが仏心につながっていくものであって、その意味で、いかなる社会的矛盾もありえないわけです。

しかし、私たちの日常のさまざまな行為や行動というものは、そのいずれか一方にかたよるものでもありません。それは、私たちの心のはたらきとして考察された五十一の〈心所〉をみてもあきらかです。私たちは、貪りつつも、その一方でそれをしきりに反省し、また、仏道に一途に精進しながら、ついいかりの心を起こしてしまうものなのです。それは、私たちが今ここにこうして在る基盤の本質が、善でもなく悪でもない〈無記〉の性質であるからに他なりません。

私たちは、日常、たしかに善なる行為によって善の〈種子〉を阿頼耶識に植えつけ、悪の行ないによってよからぬ印象勢力を第八阿頼耶識に熏習するのですけれど、それが可能なのは、やはり、第八識そのものが本質的に〈無記性《むきしょう》〉のものであるからです。

このように、すでに植えつけられた善もしくは悪の種子に因って、現実の具体的な、善悪さまざまな行為が生起するのですが、それにもかかわらず、その行為の気分を受ける果相としての第八阿頼耶識は、大きくいって、善にも悪にも傾かない――。一つ一つの行動およびその印象の熏習を取り上げるならば、それらは善性のものであったり悪性のものであったり、あるいは無記性のものであったりするのですが、行為の結果としての阿頼耶識を総体的にみれば、善でもなく悪でもない――、そのように考えられています。

ふつう、因果といえば、善因善果《ぜんいんぜんか》・悪因悪果《あくいんあくか》・無記因無記果《むきいんむきか》というように、原因と結果との性質が同じであるのですが（これを〈等流《とうる》〉といいます）、このように、善もしくは悪の種子に因って生起したにもかかわらず、その行為の結果が無記であるという因果関係もあるのです。このような因果関係を〈異熟《いじゅく》〉といい、果相としての阿頼耶識がこれにあたりますので、〈異熟識〉というのです。性質的に異なって成熟するという意味です。

　このように、阿頼耶識が、本質的に〈無記〉の性質をもつものであるという見方は、ひじょうに深い宗教性をもつ見解であると思います。なぜなら、私たち人間は、自己の過去に多大に影響されるものであるけれども、同時に、その過去とちがった未来を築いていく可能性を本質的に具えて今ここに在るものである、ということに他ならぬからです。――たとえ、どんなに悪業にみちた過去であっても、自分の努力しだいでその未来を清浄なものにしていくことが可能であり、その反対に、今までどんなに仏心にかなった日々を過してきたからといって、すこしも安心などできないのだということです。

③執蔵《しゅうぞう》とは、我愛縁執《があいえんしゅう》の意味であると説かれています。

　私たちは、ふつう、自分ではかなり意識的ないし自覚的に日々を送っていると感じています。しかし、すでにみたように、意識・前五識のはたらきは、まことに断続的なものなのです。そうしたトギレのある心を大きく支えているのが、深層の第八阿頼耶識という人間存在の基盤であり、唯識仏教では、その第八識によってこそ、私たちは、それなりに統一あるいのちを生きることができるのだ、と考えています。

その阿頼耶識は、〈無始以来の熏習〉を受けながら、間断なく過去から相続されて現在に至り、そして、なお未来にむけて連続しようとする心的領域です。これについて、唯識仏教を大成したインドの世親《せしん》菩薩〔ヴァスバンドゥ〕（西暦五世紀）は、「恒《つね》に転ずること、暴流《ぼる》のごとし」と述べられました（『唯識三十頌』）。私たちの深層心・阿頼耶識は、永遠の上流から大きくうねりながら流れきて、とどまることなく、なお下流へと流れ去ろうとする一つの大きな流れのようだというのです。したがって、阿頼耶識は、つねにさまざまに変化しているものであり、決して不変なものではありません。

しかし、それは、いわば〈変わりながらも変わらない〉というスガタをしているものでもあります。第七末那識は、その変わらないということが阿頼耶識の本質だと考えようとする心のはたらきです。そして、阿頼耶識を対象として、これこそ自己に関する不変な実体（これを〈我《が》〉といいます）であると執着する――、それが末那識のはたらきであります。このように、阿頼耶識という蔵識が、末那識によって実我と誤認され執着されることが、執蔵の意味です。

唯識仏教では、これら能蔵・所蔵・執蔵の三義のなか、執蔵の意味をもっとも重く受け取っています。すなわち、第七末那識に執着されるスガタが、阿頼耶識それ自体の相と考えられています。これは、人間存在の基盤である深層心・阿頼耶識を対象として、自己執

世親菩薩像（興福寺蔵）

第四章　経験の蓄積——心の潜在的な領域　1

着心の末那識が愛執の活動をしていくところに、私たち人間の悩み・苦しみの根幹があるという見方であります。

一類相続

執蔵《しゅうぞう》の義は、第八阿頼耶識と第七末那識との関係を、きわめて端的に示したものということができます。

くり返すならば、深層心の阿頼耶識を対象として、自己執着心の末那識が、それをあたかも自己に関する不変確固とした実体であると錯覚し、それに強く執着していくという関係です。そして、唯識仏教は、こうした阿頼耶識と末那識との関係のなかに、人間のすべての苦の根源があるという見方をします。そのため、能蔵・所蔵・執蔵の三義のなか、執蔵ということが根本的な意味だといわれるのであろうと思います。

そのように、末那識によって愛執の対象となるのは、〈無始以来の熏習〉を受ける阿頼耶識が、〈変わりながらも変わらない〉スガタをとって、いわば〈その人なりのもの〉を持続しようとする心的領域ないし生存の精神的基盤であるからです。こうした阿頼耶識の特徴を、〈一類相続《いちるいそうぞく》〉または〈自類《じるい》相続〉といいます。一類に相続するとは、その性質が変わらないで、とぎれることなく連続していくことです。

　このように、阿頼耶識には、遠い過去から一類相続して転易《てんえき》・間断《けんだん》がないという性質があります。そして、もちろん、阿頼耶識は、前述したように、善でもなく悪でもない〈無記〉の性質です。こうした特徴をもつ第八阿頼耶識が熏習を受ける立場として、いってみればトギレトギレの私たちの日常の行為・行動というものを結びつけ、積み上げ、そして統一あるものにしていくのです。

　それはさて、仏教のもっとも基本的な考え方は何かといえば、①諸行無常《しょぎょうむじょう》ということ②諸法無我《しょほうむが》ということ③涅槃寂静《ねはんじゃくじょう》ということ、の三つであります。これを、三法印《さんぼういん》といいます。つまり、仏教としての三つのしるしという意味で、これらと異なる考え方は、仏教ではないということになるわけです。三法印とは、仏教の三原理ということです。

　私たちも、自然界も、あらゆるものは生滅変化していくものです。しかも、その生滅ということが、時々刻々に行なわれるものであることを見定めたのが、①諸行無常です。仏教のもっとも基本的な考え方です。これについて、私たちは一見、明白なあるいは当たり前の事実として受け取っているようにみえます。ものごとが、たえず変化しているというのは、わかりきったことではないか――、というわけです。しかし、そう言いつつも、私たちは、一体に、ものごとが流動的であることを好みません。安心できないといったほうがいいかもしれません。変化するものを、たえず自分の持つ枠組みに押し込んで固定化して把握しようとし、同時に、そうすることによって得られた理解に固執する——。それが、私たちのふつうのスガタではないかと思います。

——たしかに、私たちは、日に日に新しい経験を積んで、それなりに人生を豊かにしています。一方、四十歳をこえたならば、体力的には、疲労の回復力のおとろえを明白に意識するようになります。そして、二十代・三十代の頃をふり返って、体力の微妙な変化をあらためて思い知らされ、同時に、「えらそうなことをいってはいたが、こどもだった」ことを強く感じる——。つまり、わが身心がつねに変化しつつあることは、たいへんよくわかるのです。しかし、そうでありながら、私たちはなお、〈変わりつつも変わらないもの〉が何かしら自分の中に一貫してあるように感じるのも、事実のようです。

古代インドの思想家たちは、この変わりつつも変わらないものについて、人間のなかにそうした不変な実体的なものがあると確信し、それを「我《が》」と呼びました。そして、その「我」というものが、いわゆる輪廻転生の主体であると考えました。つまり、その実体的な「我」なるものが不滅のものであり、それが過去から未来へと駆け抜けていくなかに、私たちの生死の実際がくり返されるという解釈です。

しかし——。すべてがうつろいゆくものであるならば、そこに、「我」という不変不滅の実体を認めることなどできることではありません。釈尊によって、そうした実我《じつが》が明確に否定されたのですが、それが②諸法無我の考え方です。

自己に関して、不変で実体的なものなどあろうはずもないのに、敢えてそれを自己のなかに求めて執着し、その結果、自分自身を束縛するのは、人間の悲しい習性かもしれません。しかし、これを敢然と拒否し、諸行無常・諸法無我の真理による生活を営もうではないか――というのが、釈尊の呼びかけです。そして、そうした真理による生活が、私たちをおのずから真に自由で澄みきった境地に導いていくものと考えられています。それが、③涅槃寂静です。真理に調和していくなかに、身心に顕現してくる寂静な状況といえるものです。

ところで、仏教はまた、これら三法印のほかに、すでに述べたように〈輪廻転生〉という基本的な考え方をもっています。――そこで問題になるのが、生死をくり返すということにおいて、その主体は何かということです。

古代インドの考え方では、実体的で不滅な「我」というものが主体となって、私たちは輪廻転生をくり返すのだとされました。しかし、釈尊は、そうした実体的で不変確固とした「我」を大きく否定されたのですから、仏教は、その無我説を崩すことなく、輪廻の主体を求めなければなりませんでした。釈尊入滅のあと、仏教のいくつかのグループから、これについてさまざまな考えが提出されました。しかし、この問題をもっともたくみに解決したのは、阿頼耶識を想定した唯識仏教だといわれています。

すなわち、実体ではなしに、過去の経験の痕跡を〈種子《しゅうじ》——生果《しょうが》の功能《くうのう》〉というカタチで蓄積・保持しながら、しかも総体的に〈無記〉の性質として一類相続する潜在心の阿頼耶識が輪廻転生の主体である、という解答です。

まとめ——水に流せないしてきたこと、そして……

阿頼耶識は、過去の一切の行為、あるいはすべての経験の印象気分を蓄える心の潜在的な領域です。行為の痕跡が、阿頼耶識に熏習されるということは、言い換えれば、私たちの行なうことは、そのすべてが心底に記憶され忘却されないということなのです。

意識の領域では、日常の経験というものは、ある意味でどんどん忘れ去られていくといってもいいほどです。熱心に読んだはずの小説でさえ、数年経つと、どうかすれば、その筋立てがどうだったか思い出しかねることすらあります。このように、意識面できれいさっぱりと忘却し去っても、意識し得ない領域では、それがちゃんとバックアップされているというわけです。

こうした過去の一切を保持する阿頼耶識をかかえるということは、阿頼耶識という基盤の上に、現在の自分というものがあるといってもいいと思います。

このようにみてきますと、過去というもの、あるいは私たちのしてきたことは、基本的に水に流すことなどできないものなのです。ところが、思い出せる範囲でのことですが、私たちは、都合の悪いことを水に流してなかったことにしようとしがちです。

外交官として在外で長く活動された人には、日頃の異民族との接触から、ことのほか、日本人の事後処理の特徴が、はっきりと見えるようです。たとえば、元駐米大使・朝海浩一郎氏の手記のなか、対日感情の悪かった昭和二十六年頃の在英事務所長時代を回想して、次のように述べられています。「過去を水に流すのは日本人の特質かもしれぬが、英国人はなかなか水に流さない。モーリス・ハンケーという日本に友好的な貴族がいて、私の在英当時、この人が日英協会の会長だった。日英協会における私の歓迎演説で、ハンケー卿がどういうことを言うか、少なからざる興味をもって聞いていた。／協会を再び活気あらしめるための会合だったが、彼は『忘れる』とか『水に流す』とは一切言わず、『しばらく過去にヴェールをおろして、両国の将来を展望しつつ、つきあって行きましょう』という表現をした」(『私の履歴書』)。

水に流すのは、私たち日本人なりの一種の生活の智慧なのかもしれません。過去をどのように意識の上で処理するかは、民族性の問題でもあります。しかし、いずれにしても、唯識仏教に照らすならば、それはうわべだけのことであって、流そうにも流せないのが過去であり、私たちのしてきたことであります。

そうであれば、問題は、わが阿頼耶識に何を熏習していくかということではないかと思います。それは、端的にいえば、日常生活そのものを大切にすることであり、日常生活の身・口・意の三業を粗末にしないことにつきるのです。仏教の世界では、期間を定めて伝統的な形式の修行を行なうことがありますが、それを単に「行」とはいわず、かならず「加行《けぎょう》」と呼んでいます。それは、ふだんの生活がすでに行であるからです。行とは、日常生活を粗末にしないということです。

そして、これと思うものを重ねていくことです。たとえば、『観音経《かんのんぎょう》』には、常念《じょうねん》というコトバがよくでてきます。観音ボサツを常に念ずる――。それによって、観音ボサツそのものが心底にしだいに強く印象づけられていき、また、観音を念ずるそのことが阿頼耶識に蓄積されていきます。そして、それが一つの精神的な力となって、明日の生活を大きく支えていくのです。

――過去は、これを動かすことができません。それに対して、言い訳しても通用するものではありません。私たちは、じたばたすることなく、過去を大きく受け取るほかありません。そして、どのような過去であれ、その過去の一切を土台として、こんにちただいまから釈尊の教えに即した明日への展望を持とうとするところに、唯識仏教に根ざした生活のスタートがあろうと思います。

そして、そうしたことが可能なのは、阿頼耶識が異熟識であると考えられているからです。つまり、動かすことのできない過去を持ちながら、同時に、私たちは、善でもなく悪でもない〈無記〉の存在として、今ここに在るからです。まったくひどい過去だから——といって卑下することもないかわりに、オレはここまでやってきたのだ——と自慢だの安心だのできないということです。釈尊は、瞋恚《しんに》（いかり）はせっかく築いた功徳の林を焼いてしまうものだから、それを起こさないように、と注意されました。そして、「よく忍を行ずる者は、有力《うりき》の大人《たいにん》なり」というたいへん素晴らしいコトバを述べられたのです（『遺教経』）。しかし、有力の大人であっても、一旦いかりの心を起こしてしまえば、ただの人にすぎません。

過去という動かしがたい土台の上にありながら、同時に、それにかならずしも束縛されない明るい未来を展望することも可能だというのが、阿頼耶識をその深層にもつ私たちの姿であります。

第五章

ものごとの生起

一切種子識

ここで、すこし復習をします——。

阿頼耶識《あらやしき》は、私たちの一つ一つの行動の印象や気分といったものを、その中に確実に蓄え、保持していく深層の心です。その印象気分は、〈種子《しゅうじ》〉と呼ばれます。そうした〈種子〉が、阿頼耶識の中に蓄積されていくことが〈熏習《くんじゅう》〉という作用であります。唯識仏教では、この過程を、〈現行《げんぎょう》が、その種子を阿頼耶識中に熏習する〉と説明しています。そして、ふつう、これを〈現行熏種子〉といっています。

この場合、過去の経験が、そのすべてにわたって一つもれることなく蓄えられるからといって、阿頼耶識が、ただ単に行為の痕跡をひそかにとどめるだけであれば、私たちにとって痛くも痒くもありません。ひそかに記憶された過去の経験の気分が、その後の〈私〉というものを形成していく大きな原因であるからこそ、問題であるわけです。〈種子〉といわれるのも、それが、条件が整えば、次後において再び類似の現行を生起させる潜勢力であるからに他なりません。そこで、〈種子〉は、古来、〈第八識中の生果《しょうが》の功能《くうのう》〉といわれるのです。昨日の行動、そして、今日の行ないが、明日の自己というものを生みだしていく――、そうした結果をもたらすはたらき、または、力が〈種子〉であります。

阿頼耶識は、そうしたすべての行為・行動の痕跡を〈種子〉という潜勢力のカタチで蓄積・保持する心識ですので、〈一切種子識〉とも呼ばれるのです。したがって、一切種子識という場合は、第八識中に蓄えられた過去の行為・行動の印象気分というものが、未来における諸法の生起に大きな原因となるものであるということに力点が置かれているといえます。

いま、〈諸法《しょほう》〉といいましたが、これは、仏教ではたいへんよく用いられるコトバであります。そこで、その意味について簡単にみておきたいと思います。もともと、「法」というコトバにはいくつもの意味があるのですが、そのなか、主なものとして以下の二つを記憶しておく必要があります。

一つは、「仏法《ぶっぽう》」という場合のように、法には教えという意味があります。仏陀のお示しになられた教えが仏法であり、それを、ただ単に法ともいうのです。「法を求めて……」、あるいは「法のために……」というような場合、その法は教えを意味しています。なお、法というコトバは、すでに仏陀の教え全般を指していますので、複数の教えを表わすためだからといって、この場合は、わざわざ「諸法」とはいいません。

二つは、いまの「諸法」という場合で、この場合の「法」は、〈存在〉とか〈もの〉を指すコトバです。したがって、「諸法」は、〈あらゆるもの〉あるいは〈一切の現象〉という意味になります。すべての存在するもの・現象しているものすべて・すべてのものごと――それが、「諸法（一切諸法）」です。場合によっては、それを「法」一字で表わすこともあります。ちなみに、唯識の教えは、仏教宗派としては法相宗の教義であることはすでに述べましたが、この場合の「法」も〈すべての存在〉〈すべてのもの〉の意味です。そして、そうした法をその相状、つまり、現象面から見きわめていこうとするのが、法相《ほっそう》宗《しゅう》の考え方であります。

いずれにしても、「諸法」とあれば、それは、〈すべてのもの〉、つまり〈万有〉を意味していると思って、ほぼまちがいありません。

したがって、諸法の生起とは、私たちの日常生活のなかでたちあらわれるあらゆる現象であって、そのなかに、自己の形成ということも、当然ふくまれるのです。そうした諸法の生起の原因力が、阿頼耶識中に所蔵される〈種子〉なのです。そして、その〈種子〉が、条件が整うことによって動いていくところに、現実の万有が私たちの眼前にあらわれ、また、私たちの行動が現実のものとなっていくわけなのです。

種子と現行

〈現行熏種子〉とは、現行がその印象勢力である種子を第八阿頼耶識のなかに熏習していくことですが、その現行は、もとより、種子によって生じるものであります。この種子が現行を生起させていくことを、〈種子生現行《しゅうじしょうげんぎょう》〉といいます。

唯識仏教では、これらを別々のものとは考えず、〈種子生現行・現行熏種子〉というように、まったく一連のものとして捉えています。――過去の経験の印象・気分である種子が現実の行為を生ぜしめ、その行為の印象が、第八阿頼耶識中におさめられていくのは、かならず連続するものなのだというのです。

これに関して、〈三法展転因果同時《さんぽうてんでんいんがどうじ》〉ということがいわれます。その三法、つまり、三つのものとは、①現行を生ぜしめる種子、②その種子によって生じる現行、③その現行が第八阿頼耶識の中に熏習する種子であります。これら三つのものが、相互に因となり果となりながら順次に連続して行なわれ、しかも、それが、時間的に同時であるというのが、〈三法展転因果同時〉の意味であります。

間髪を入れず――といいますが、まさに一瞬の余地もなく、過去経験の痕跡たる種子によって生じた現行が、その印象・気分を第八阿頼耶識の中におさめていく――、そのように唯識仏教は述べています。そして、なお、そうしたことが、永遠の過去から連綿と続いてきているのが、先にふれた〈無始以来の熏習〉であります。したがって、この〈三法展転因果同時〉ということには、まったく言い訳のきかない厳しさというものがしみじみと感じられます。

――私たちは、その日常の出来事ないし習慣的所作を、どうしても日常茶飯事などといって軽視しがちです。たしかに、日常の自分というものは、私たちにとって、あまりにも見慣れた風景の一つであることにはちがいありません。そこで、口では「自己をみつめる――」などといいながらも、「今さら、まじまじと目をこらすこともあるまい」というのが、本音なのです。しかし、そうしたものといえども、〈三法展転因果同時〉そして〈無始以来の熏習〉ということによって、今まで過してきた日々に深く由来するものなのです。これを見すえることは、何事によらず大事なことですが、とりわけ、宗教の世界においては欠かせぬことです。それによってこそ、心のやすらぎへのもっとも確実な足場を築くことができるからです。――自己を凝視するとは、こうした日常の自分というものを見すえることに他ならないのです。

私は、古武道とはまったく縁のない人間ですが、弓道などは、拝見していて実に素晴らしいと思うことがあります。それは、矢が放たれるまでの所作というものが、実に慎重なものだからです。せっかちな人間にとっては、あきれるくらいに慎重です。それは、一旦、矢を放ってしまったならば、言い訳など通用しないからでしょうか。遠くに置かれた的の一点に、身心を集中する――。それは、あまりにも慎重な身心の調整であります。的への身心の調和といってもいいかもしれません。そして、このような細心な調整ののちに大胆に放たれた矢は、たとえ的にあたらなくても、それはそれでいいのだそうです。――それは、的によって調整された身心というものがあとに残るからであろうと、私は思います。そして、その調整された身心によって、ふたたび引きしぼられた弓は、いずれはかならず矢を的中させずにはおかないものだからであろうと思います。ここにも、三法展転という種子と現行とのメカニズムがはっきりと読み取れます。――たとえ的(目標)を射そこなっても、言い訳がましいことなど考えなくてもいい、そんな内容の日常生活というものをこそ、私たちは営みたい、と思います。

ところで、仏教では、一体に、因果ということをひじょうに重視します。つまり、ものごと(諸法)というのは、原因もなしに生起しないものなのだという主張です。自然と、こうなった――などということはあり得ない。それが、仏教の基本的な考え方であります。

釈尊はインド・ベナレスの鹿野苑《ろくやおん》での最初の説法にさいして、〈四諦《したい》・八正道《はっしょうどう》〉の教えを述べられたといわれています。この教えを大きくつらぬいているのも、もちろん、因果の考え方です。〈四諦〉は、①苦諦《くたい》②集諦《じったい》③滅諦《めったい》④道諦《どうたい》の四つから成り立っている教説で、「諦」とは、その表明が真実であるということです。

①苦諦とは、人生は苦であるという仏教のもっとも根本的な見方をあきらかにしたものです。しかし、そうはいっても、けっこう楽しいじゃないか――というのが日常の私たちではないかと思います。たしかに、日々の暮らしのなかで、楽しいこともあります。そうした楽しみを当面の目標ないしテコにして、いやな仕事にも精を出そうというのが、私たちの偽らざるスガタであります。しかし、考えてみれば、そのような楽しみはひとときのものにすぎません。楽しいことだからといって、それをむやみに続けていくならば、やがてその楽しみも苦に変わっていくことは、私たちのしばしば経験することです。それは、私たちの生存というものが、本質的に苦であるからです。

なお、生・老・病・死の四苦に、愛別離苦《あいべつりく》・怨憎会苦《おんぞうえく》・求不得苦《ぐふとっく》・五陰盛苦《ごおんじょうく》を加えた八苦が、私たちの味わわなければならない苦といわれています。ちなみに、愛別離苦は愛する人と離別する苦しみで、その反対に、怨念の対象たる人とも時に同席しなければならない辛い思いが怨憎会苦、また、求不得苦は、求めても得られない苦しみです。そして、私たちの経験しなければならないいろいろな苦の淵源を示したものが、最後の五陰盛苦であると考えられています。人生苦は、要するに、すべて、五陰（身心を構成する五つの要素）に対する私たちのかぎりない執着から導きだされるのだ、というのです。たとえば、私たちの肉体は、二十五歳をピークとしてその後は、年とともに衰えていくといわれます。しかし、それを、いつまでも若々しいままで保ちたいというかなわぬ願望を強くもつために、私たちは老苦というものをかみしめなければならないのだ、というわけです。

つぎに、②集諦とは、人生苦の原因が、惑《わく》（煩悩）およびそれにもとづく行為・行動（これを業《ごう》といいます）であることを示したものです。――ちなみに、私たちの生活は、このように、惑・業によって苦が生起しますので、これを〈惑業苦《わくごっく》〉と呼ぶのです。

③滅諦とは、苦の原因である惑および業を断ち切るならば、私たちは、寂滅《じゃくめつ》（心のやすらぎ）を得ることができるという表明です。人生における真実の目的を大きくかかげたのが、滅諦です。

そして、④道諦は、その寂滅に至る手段方法として、八つの日常的実践項目（八正道《はっしょうどう》――正見《しょうけん》・正思惟《しょうしゆい》・正語《しょうご》・正業《しょうごう》・正命《しょうみょう》・正精進《しょうしょうじん》・正念《しょうねん》・正定《しょうじょう》）をすすめる教えであります。

こうした四諦の教説にあきらかにみられることは、因果の考え方です。なお、これには、①人間生存の苦（果）とそれをもたらす惑・業（因）と、②人生の真実目的である心のやすらぎ（果）とそれに至る日常的実践項目（因）という、二つの因果が述べられています。

①は人間生存の実態の分析、②は心のやすらぎへの志向に関するものですので、それぞれ「有漏《うろ》の因果」、「無漏《むろ》の因果」といわれています。「漏」は、煩悩を意味する仏教語です。――いずれにしても、まず、人間生存の実態というものについて、その因と果とをきっちりとおさえていこうとするのが、仏教の基本的態度であります。

こうした因果ということについては、古来、『倶舎論《くしゃろん》』に述べられる「六因四縁五果」の説が、つとに有名です。そして、とりわけ、諸法生起の原因である因縁については、詳しく精密な考察が行なわれました。そのなか、四縁とは、①因縁《いんねん》②等無間縁《とうむけんねん》③所縁縁《しょえんねん》④増《ぞう》上縁《じょうえん》の四つです。唯識仏教も、こうした名目にのっとりながら、ものごとの生起の原因について、独自の解釈をしました。

①因縁とは、日常生活のすべての現象を生み出していく直接的な原因のことです。すでにみてきたように、唯識では、第八阿頼耶識中に所蔵される種子が、現行を生み出すはたらきをもつものです。この点から、因縁とはまず、種子であります。そしてなお、その種子によって生起した現行は、即座に、第八識の中に印象勢力の種子を熏習しますから、現行はその種子に対する直接の原因となります。そこで、因縁には、種子因縁と現行因縁との二つがあると考えられています。そういう種子と現行という二つの因が縁になって、諸法が生起していく、――それが〈種子生現行・現行熏種子〉であります。

②等無間縁は、一定の心のはたらき（心王・心所）が続いて起こる場合、先行する心王・心所が後続の心王・心所の縁となることです。その前後の中間に異なった心王・心所が入る間隔がなく、同等な性質の心のはたらきが続くので、等無間の縁というのです。

③所縁縁の「所縁」とは、認識の対象のことです。認識の対象という縁がなければ、認識作用は成立しないということです。具体的には、心上に変現して映し出された影像《ようぞう》（相分）を指します。なお、その相分を生じさせる本質《ほんぜつ》（外界の事物）も、間接的な認識対象ですので、所縁縁のなかに含まれます。

④増上縁とは、諸法が生起するにさいして、上記の三つの縁以外に作用する助縁のことです。——ものごとが成立するには、直接的な原因というものがなければ、何事も現実のものとはなりません。しかし、なお、ものごとの生起に対して間接的な協力、ないし、あたたかくこれを見守る環境というものも必要です。あるいは、少なくとも、そのことの成立を妨げないという環境が必要です。これらが、増上縁です。前者は、より積極的な意味がありますので、「与力《よりき》増上縁」といい、後者は、ただ妨げないというだけですので、「不《ふ》障《しょう》増上縁」といいます。

なお、法は、精神的なもの（心法）と物質的なもの（色法）とに分けられます。そのなか、心法は四縁によって生起し、色法は因縁・増上縁の二縁によって成立すると考えられています。物質的なものも、また、第八識中の種子によって成立していくものであるというのが、唯識の考え方であります。

——唯識仏教は、このように、ものごとの生起を〈種子〉と〈現行〉とによって大きく説明しようとします。諸法の生起といえば、何か他人事のように聞こえますが、それは、自分自身の日常生活そのものと言い換えてもいいものです。それが、第八阿頼耶識のなかに蓄積された種子によって立ち上がっていくということは、わが生活の責任は、あくまでも自分の内にあるということを強く示しています。私たちは、うまく事が運んでいる時は、その原因を自分の内に求めたがるのですが、思うようにならない時は、その責任をなんとかして外部に転嫁しようとします。しかし、そのようなごまかしなど一切できないというのが、種子と現行とが因縁であるという意味です。

それにしても、不障の義さえも、また、ものごとの生起ないし成立の助縁としてみようとする仏教の視野の広さには、目をみはるものがあります。たとえば、〈私〉の前をその存在さえ無視するようにそしらぬ顔で通り過ぎる人々も、また、今ここにこうして在る〈私〉を成り立たしめているものだというのです。そうだとして、あらためて眼の前を通り過ぎていく人々を見るならば、どうでしょうか——。それらの人々に対して、そのままやり過しがたいものを感じるのではないかと思います。そして、その上で、与力増上の縁を思量する時、広大で肥沃な土壌の上にいる自分というものを、しみじみと意識せずにはおれません。

ところで、〈種子生現行・現行熏種子〉の三法展転因果同時とは、種子から生じた現行が、生起と同時にその印象気分の種子を、新たに阿頼耶識の中に植えつけていくということでした。しかし、その現行によって第八識に熏習された種子は、すぐに現行するとはかぎりません。場合によっては、ついに現行しないこともあり得るのです。つまり、それが現実のものとして生起するためには、それだけの必要条件というものが整備されなければならないのです。

それでは、そうした条件が整わなければ、その種子は、一体どうなるのかということが問題になります。これについて、室町時代の興福寺に起居した英俊《えいしゅん》（一五一八〜一五九六）は、

なに事もみな過ぎぬれど朽ちせざる頼もしの種子はうらめしき哉

という道歌を、その日記に書きつけています（『多聞院日記』天正十六年十二月二十九日条）。

——種子とは、朽ちないものだ、というのです。

唯識仏教では、このように、私たちの行為によって心底に残存した印象気分というものは、顕現する環境が整わないからといって、決して消滅などするものではないといわれています。つまり、阿頼耶識中の、現行という果を生み出す原因としての力（種子）は、潜在未顕の状態において、時々刻々に生滅をくり返しながらその性質を引きつぎ、顕現するに足る環境を待つのだと、考えられています。

こうしたプロセスを、唯識では、〈種子生種子〉といっています。種子が種子を生むというこれら二つの種子も、また、因果関係にあることはいうまでもありません。先行する種子（因）が、後続の種子（果）を生じるという因果関係です。なお、この因果は、時間的に前後の関係になっていますので、〈種子生現行・現行熏種子〉のように因果が同時ではなく、「因果異時《いんがいじ》」と説明されています。

いずれにしても、種子が、前滅後生をくり返しながら自類に相続していくこと――それが、〈種子生種子〉の意味であります。さきに、阿頼耶識が一類に相続していくことをみたのですが、それは、阿頼耶識という主体としての側面をとらえて述べたものでした。それを、作用の側面からみるならば、〈種子生種子〉ということになるのです。このように、阿頼耶識と種子とは、体用《たいゆう》すなわち主体と作用の関係にありますので、阿頼耶識のほかに種子というものがあるのではありません。

——しかし、それにしても、この〈種子生種子〉ということにより、私たちの行為・行動あるいは経験というものが、いよいよ水に流せないものであることがはっきりとしてきます。やはり、過去は、動かし得ないものなのです。そうであれば、私たちは、どうでも、その過去というものを受けとめるより他ありません。

そうしたとき、その受けとめるに姑息であれば、姑息な未来しか導き出せぬことを知るべきです。どのような過去であれ、それを大きく受けとめ、そして、〈種子生現行・現行熏種子〉〈種子生種子〉という心のメカニズムの厳然としてあることを記憶にとどめて行動しようとするのが、唯識仏教による生活態度というものであろうと思います。そして、その行動が、身・口・意の三業といわれるように、心中でのさまざまな思いをも意味するものであることを、あらためて注意する必要があります。

本有種子と新熏種子

〈種子〉より生じた〈現行〉というものは、一つの明らかな結果であります。結果として表にあらわれた〈現行〉は、自他あるいは少なくとも自己によって、その内容が確認できる性質のものであります。ある意味で、そうした〈現行〉のかずかずによって、私たちの現実の生活というものが構成され、そして、さまざまに展開されているといえます。〈種子〉は、なんらかの結果を生み出す原因力です。潜在的で未顕な状態であり、しかも、〈無始以来の熏習〉とさえいわれるものですから、そうした〈種子〉の内容を、私たちは誰も実際に確認することができません。〈種子〉そのものは、このように不可知なもので、いかなる観察や評価をも寄せつけません。ものごとを生み出していく〈種子〉という原因としてのはたらき・力は、もちろん、人間生活にとって重要なものにちがいありませんが、不可知ゆえに、私たちはそれをどうすることもできません。

そこで、明日を生きていこうとする〈私〉が、その仏教的人生を展望しようとするならば、不可知な〈種子〉そのものではなく、まず、確認可能な結果としての〈現行〉をながめることからスタートするより他はありません。自分の〈現行〉に対して、他者の評価をもいただきながら、自ら反省し、そうして、それらにもとづいて新たな行動を起こしていく——。そうしたくり返しによって漸進していくのが、私たちの日常生活の実際であろうと思います。自己凝視の発端は、〈現行〉を直接的な契機として開かれるものであります。

しかし、〈現行〉は、いわばトギレトギレのもの、ある意味でバラバラなものです。したがって、〈現行〉をながめるといっても、それだけでは自己のスガタの真実相に近づくことはできません。そこに、やはり〈種子生現行・現行熏種子〉あるいは、その現行によって第八阿頼耶識に熏じられた種子が、その性質を一類に保持する〈種子生種子〉のメカニズムに注目し、〈種子〉こそ、私たちの人生を大きく形成し、そこで、バックアップするものであることを理解する必要があろうと思います。――たとえば、一般的に、性格または人格ということを問題にする場合、外にあらわれた〈現行〉だけではなく、やはり、潜在未顕の〈種子〉をも含めないことには、その人の全体像というものが、存在感をともなって大きく浮び上がってきません。

〈現行〉は、あくまでも個々の行為であり行動にすぎません。そういう個々の〈現行〉を統一あるものにしている「その人らしさ」、あるいは、その人の可能性――。そういったものが欠落してしまうならば、いかに正確に個々の〈現行〉を観察することによって得られた人間像でも、それは、似て非なるものというべきであろうと思います。人間の真実相に近づくためには、やはり、不可知ながらも〈種子〉あるいは第八阿頼耶識というものを大きく思量する必要があるわけです。

ちなみに、そうした全体像としての性格、または人格を形成する要因としては、ふつう、先天的なものと後天的なものとが考えられます。――ひとの性格が話題になる時、よく使われるコトバとして、「性分」というのがあります。これは、もって生まれたものは変えようがないということで、先天的なものを指し、それは、教育的効果というもののおよぶ

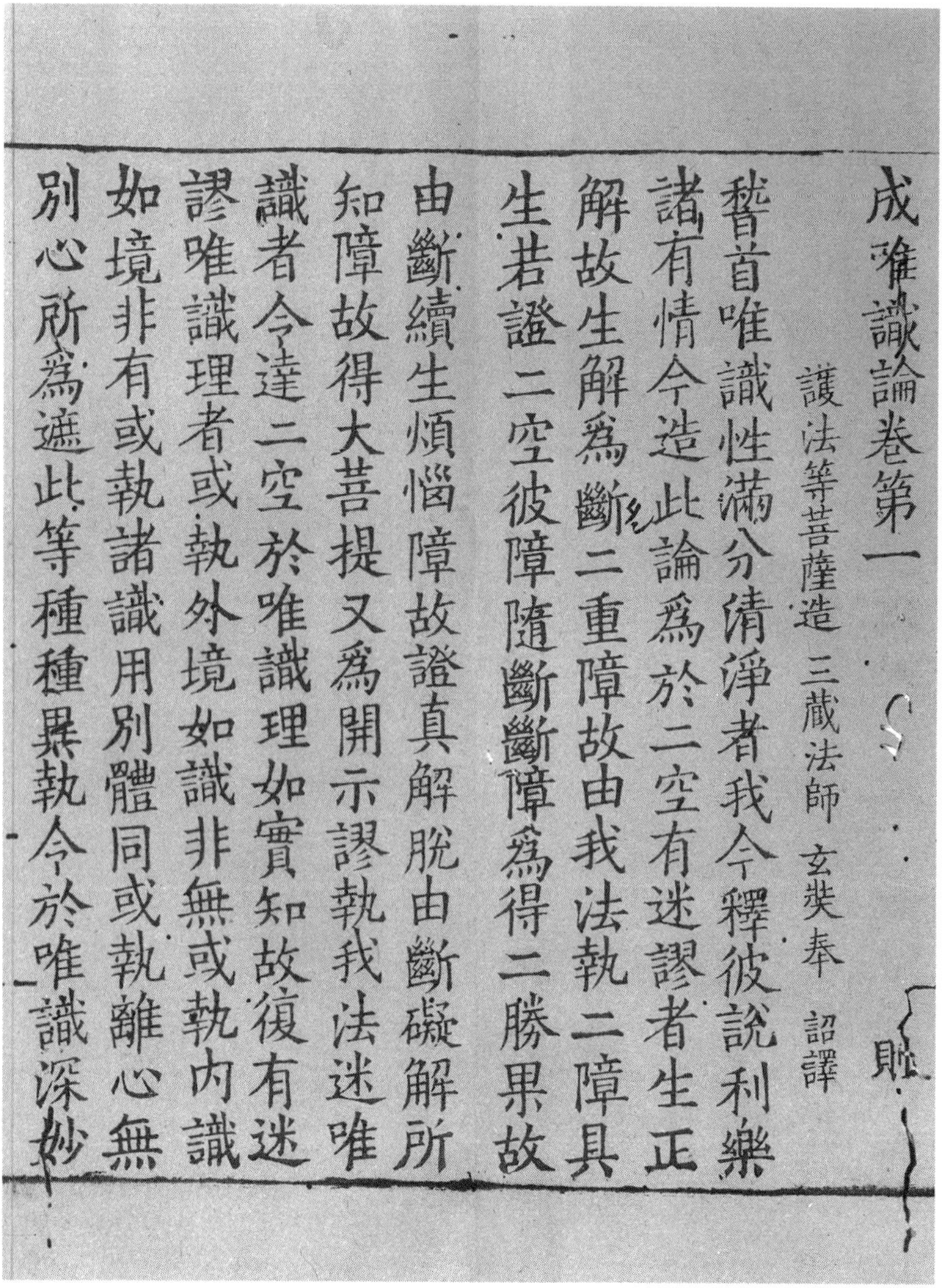

成唯識論卷第一
護法等菩薩造　三藏法師　玄奘奉　詔譯
稽首唯識性滿分淸淨者我今釋彼說利樂
諸有情今造此論爲於二空有迷謬者生正
解故生解爲斷二重障故由我法執二障具
生若證二空彼障隨斷斷障爲得二勝果故
由斷續生煩惱障故證眞解脫由斷礙解所
知障故得大菩提又爲開示謬執我法迷唯
識者令達二空於唯識理如實知故復有迷
謬唯識理者或執外境如識非無或執內識
如境非有或執諸識用別體同或執離心無
別心所爲遮此等種種異執令於唯識深妙

宋版一切経『成唯識論』（興福寺蔵）

余地などないという意味があります。こうした先天的なものに対して、生後、家庭環境や社会環境などの影響を受けておのずから身についたもの、あるいは自己の努力によって身につけたものなどが、後天的なものであります。性格の形成について、これら二つの要因のいずれか一方に大きくかたよった説も、かつては、行なわれたことがありました。しかし、もちろん、こんにちでは、先天的なものと後天的なものとが力学的な関係においてさまざまに影響し合いながら、人格が形成されていくものと理解されています。

それはさて、こうした先天的・後天的ということによく似た分類が、実は、〈種子〉にもあります。それが、〈本有種子《ほんぬしゅうじ》〉と〈新熏種子《しんくんしゅうじ》〉であります。

〈本有種子〉とは、無始つまり永遠の過去以来、第八阿頼耶識の中におのずからそなわっているとされる諸法生起の原因力のことです。本有とは、本来固有という意味ですから、本有種子は、いちおう、先天的なものといえます。ただ、無始以来本来的に——ということですから、単に「もって生まれたもの」ではなく、それ以上の意味があることは、記憶にとどめておく必要があります。

つぎに、〈新熏種子〉とは、私たちの生存の根底に本来的にそなわっている種子ではなく、さまざまな現行によって新たに熏習された印象気分のことであります。したがって、この新熏種子は、先天的・後天的という分類からすれば、後天的なものとみることができます。もっとも、その熏習ということについては、たびたび述べているように無始以来といわれていますから、いわゆる「もって生まれたもの」の中にも、当然、新熏種子が含まれていると考えられるわけです。

ふつう、先天的な本有種子、後天的な新熏種子というように説明されます。しかし、このように、その先天的・後天的ということは、「もって生まれたもの」かどうかということではなく、永遠の過去このかた、私たちの生存の根底に本来的にそなわっているものかどうかということによる分類なのです。そして、唯識仏教では、この本来固有のものとそうでない新熏のものとが、相互に関係し合うことによって諸法が生起し、私たちの生活の実際があるのだと考えています。

もっとも、こうした分類は、たぶんに理論的なものであります。本有種子は、〈私〉に本来的にそなわっているものであり、新熏種子は、日常生活における私たちのさまざまな行動によって、新たに阿頼耶識に植えつけられたものであるといってみても、もともと不可知なものである上に〈無始以来の熏習〉というのですから、実際に、どれが本有であり、どれが新熏であるかを具体的に識別ないし確認することなどできません。——本有を知るのは、古来、ただ仏陀のみ、といわれています。

たしかに、どれが〈私〉に本来的にそなわったもので、どれが新熏種子なのか——、そうしたことはわかろうはずもありません。それより、むしろ、この新熏種子を第八阿頼耶識に植えつけるところの私たちの日常の行為・行動はいかにあるべきか——、それが、私たちの真摯に考えなければならない問題であろうと思います。ここで、ふたたび、〈現行〉ということにもどるわけです。しかし、その〈現行〉は、ただ単に結果としてのものではなく、明らかにあとあとの行為・行動、ないしは人生そのものに影響をおよぼす印象気分（種子）を熏習する原因としての〈現行〉のことであります。

そうしたとき、中国・明時代の洪自誠の『菜根譚《さいこんたん》』（一六〇二年）の、つぎの短文は、ズルズルとどこまでも後退してしまう人間の欠点というものを、現行と（新薫）種子との連環において、きわめて端的に指摘していると考えられます。

欲路上のことは、その便《べん》を楽しみて姑《しばら》くも染指《せんし》を為すことなかれ。一たび染指せば、便《すなわ》ち深く万仞《ばんじん》に入らん。理路上のことは、その難を憚《はばか》りて稍《やや》も退歩を為すことなかれ。一たび退歩せば、便ち遠く千山を隔てん。

この一文を、今井宇三郎氏のていねいな訳文で今一度読んでみるならば、つぎのようになります。「欲望上のことは、手っ取りばやくついでだからといって、かりそめにも手を出してはならない。一度、手を出したがさいご、(その味を覚え、一度その味を覚えてしまうと、それに溺れてゆき)、ついには万仞の深みに落ちこんでしまう。(これと反対に)、道理上のことは、その困難なことをおっくうがって、ほんの少しでもしりごみしてはならない。一度、しりごみしたがさいご、(余計におっくうになり、一度おっくうになり出すと、ますますおっくうになってきて)、ついには千山を隔て全く追いつくすべもなくなってしまう」(岩波文庫)。

――一読、大きくうなずくより他ありません。自分自身のありようを、ズバリと言ってのけられたといってよい文章です。

私たちというのは、何事につけ、とかく、やすきにつくものです。そして、それをズルズルと続けて、ついに習性としてしまいがちであります。ようやく気がついて、こんなはずではなかったが、と〈悪作《おさ》(悔《け》)〉の心所をさかんにはたらかす――。それが、私たちの偽らざるスガタではないでしょうか。そしてなお、これではいけないと気がつきながらも、安直な方向へと次第に加速していくのも、私たちです。それは、考えてみると、一つの人間らしさであるのですが、だからといって、その安直さにどっぷりと浸かってばかりもいられません。さて、どうするか――。それを、種子と現行との関係において模索しようとするのが、唯識仏教による生活です。

種子の六義

以上みてきたように、〈種子〉と〈現行〉という二つのものが、互いに因となり果となりながら、諸法を生起させていくというのが、唯識仏教の考え方です。つまり、〈種子生現行・現行熏種子〉の連環の上に、私たちの日常生活が営まれているということでありまず。このように、私たちの日常の所作の一つ一つが、その印象を心底に沈め、しかも、それらが、次後の諸法生起の潜勢力として蓄積されていくことを思えば、本当にうかつなことなどできません。

しかし、そうだからといって、何も萎縮する必要はありません。ただ、遠くに置かれた「的」に弓を引きしぼるような態度を心がけねばならないということです。そして、何より必要なのは、的そのものを持つことであろうと思います。――その的ということについて、『維摩経』研究の橋本芳契博士は、「的とは、その人の持てる力のすべてをまとめるものだ」と、述べられました。これは、ご自分でも弓をひかれた経験から実感されたことで、単なるコトバの遊びではもちろんありません。そして、「人間は、たえず行き先をもっていなければならない」とも、語られました（『維摩経による佛教』東方出版）。

的といい、行き先といい、同じことです。人生において、なりたいもの・到達したいところという目標を持ち、それを遠くに見すえるのならば、人間というものは、おのずからふらつかないものだ――ということであります。

それはさて、〈第八識中の生果の功能〉である種子とは、①刹那滅《せつなめつ》②果倶有《かくう》③恒随転《ごうずいてん》④性決定《しょうけつじょう》⑤待衆縁《たいしゅえん》⑥引自果《いんじか》の、六つの条件をそなえるものであると考えられています。これを、〈種子の六義〉といっています。これは、種子の特徴を六つにまとめたといってよいものです。今まで述べてきた〈種子〉、あるいは、〈種子と現行〉について、まとめの意味も兼ねて、これら六義の一つ一つを簡単にみてみることにしたいと思います。

①刹那滅《せつなめつ》とは、ものごとを生起させる原因力の種子は、たえず生滅変化するものだという意味です。種子が、もし、常住不変なものであれば、それ自体変化のないものですので、原因が結果を生ずるという作用も、また、あり得ないわけです。種子は、常住不変なものではなく、刹那刹那に生滅変化するものでなければならないというのが、刹那滅の義であります。

つぎに、諸法生起における原因と結果、つまり、種子と現行との関係ですが、これについては因果同時という条件が示されています。それが、②果倶有《かくう》の義です。果倶有とは、諸法生起の原因たる種子は、同時の一刹那に結果である現行を有しているという意味です。

この果倶有の義は、〈種子生現行・現行熏種子〉の三法展転因果同時ということのなかに、詳しく述べられるものです。

③恒随転《ごうずいてん》とは、種子は、恒にとぎれることなく、また、その性質を変えないで相続するものであるということです。原因たるものが、結果を生み出さないうちに消滅するのであれば、それは、原因としての意味をなしません。種子が、諸法生起の原因力であるからには、たやすく消滅することなく、ながく相続して間断のないことが必要です。種子が、このように、長時にわたって一類に相続されることは、〈種子生種子〉のメカニズムとしてすでにみたところです。なお、長時とは、第十章で述べる〈究竟位《くきょうい》〉に至るまでということであります。

④性決定《しょうけつじょう》とは、種子と現行との性質が同じものであるということです。つまり、善の種子からは善の現行が、悪の種子からは悪の現行が生じるものだというわけです。このように、現行の性質は、それを生み出す種子の善、悪あるいは無記の性質におのずから応ずるものであるというのが、性決定の義です。

ところで、種子が、ものごとをよく生起させていくところの潜在的な原因力であるところから、〈第八識中の生果の功能〉といわれることは、再三述べたことであります。しかし、だからといって、現実には、その種子だけでは諸法というものは成立しません。私たちの日常生活が立ち上がっていくためには、かならずいろいろな縁というものがなければならないと考えられています。それが、⑤待衆縁《たいしゅえん》です。衆の縁の和合を待つ、という意味であります。

最後の、⑥引自果《いんじか》とは、種子というものは自らと同種類の結果を引生するものであるということです。

さきの性決定では、同じ性質の結果を生み出すというように、「性質」が問題でしたが、この引自果という条件では、「種類」ということが問題になっています。――ふつう、「諸法」と一口にいいますが、その中で、さまざまな因縁によって成り立っているもの（これを有為法といいます）を大きく分類するならば、精神的なもの（心法――心王・心所）、物質的なもの（色法《しきほう》）、および物質的でもなく精神的でもないもの（不相応行法《ふそうおうぎょうほう》――方角・時間・数量などがこれにあたります）の三つに分けることができます。ごく大雑把にいって、種子とは諸法生起の原因にちがいありませんが、かならず、物質的なものの現行は色法の種子より生じ、心的な現行は心法の種子によって生み出されるものでなければならないと考えられています。これが、引自果の義であります。――私たちの生活は、これらの有為法によって現実に形づけられています。したがって、この引自果の義は、ある一種類の原因（一因）だけでは、〈私〉というものは、成り立たないのだということを示しています。

そして、これらの六つの条件をすべて満たすものでなければ、それは「種子」とはいえないというのが、〈種子の六義〉の意味であります。

さて、こうした種子の六義のうち、ここでは、〈待衆縁〉や〈引自果〉ということを、殊に重要なことがらとして、強く記憶にとどめておきたいと思います。それは、〈四縁〉ということをもう一度ふり返ることにもなるのですが、仏教は、元来、ものごとの成立について因果ということを重視し、なお、その原因ということについては多因説を主張して、その立場としています。

つまり、私たちの現実の生活を構成しているすべてのものは、原因もなしに、そのものとして独自に存在することはあり得ないということです。そして、さまざまな因縁の力学的なかかわり合いの中でこそ、ものごとが生起し、私たちの現実の生活が営まれていくものであるという考え方を、仏教はその根底にもっています。こうした仏教の基本的な考え方について、唯識仏教としての一つの明確な表現ないし表明が、〈待衆縁〉であり〈引自果〉の義であろうと思います。

第六章

利己性にうごめく深い自己

——心の潜在的な領域　2

末那識とその対象

私たちは、ふつう、意識的あるいは自覚的に日常生活を営んでいると思っています。しかし、その意識的ないし自覚的な営みをつかさどる〈了別境識《りょうべつきょうしき》〉、つまり眼・耳・鼻・舌・身の前五識と第六意識は、すでにみてきたように、一日二十四時間絶え間なく作用するものではありません。たとえば、眼の前に現実にひろがっている風景も、眼を閉じれば、一瞬のうちになくなります。つまり、眼識の作用は、眼を閉じることによって、簡単に停止してしまうのです。また、快い疲労感をともなって就寝するならば、たちまち深い眠りにおちて、第六意識は、はたらかなくなってしまいます。表層心の六識の心的作用は、いずれも、このように間断、つまりトギレがあるわけです。――ところが、私たちは、明くる朝目がさめたならば、そこに、この〈私〉と同じ〈私〉があるのだという前提のもとに、毎夜、眠りにつきます。もちろん、そんな前提など、いちいち確認しませんが、もし、その前提が容易にくずれ去るものであるとしたら、私たちは、おそらく、安心して休むことができないであろうと思います。

――こうした前提について考えをめぐらせてみると、トギレのある六識をつないでそれらをたえず統一あるものにし、なお、人間生存そのものを大きく支える心的領域というものによって、はじめて、その前提が成り立つものであるといえます。

いうところの心的領域は、たしかに、私たちが直接にうかがい知ることのできないものであります。しかし、そうした潜在的な心的領域を想定しなければ、人間というものを真に正しく把握できない――。そう、唯識仏教は考え、そして、その不可知な深層心を〈阿頼耶識〉と呼んだのでした。

ところで、仏教をこの世ではじめて大きく説き明かされた釈尊は、人間とそれをとりまく自然にその透徹した眼を向けられ、ついに、「諸行無常」「諸法無我」という二つの真理を見出されました。諸行無常とは、自然も、私たちも、すべてはうつろい易く、時々刻々に生滅変化していくものであるということです。そして、そうであるならば、自己に関して永久不変な実体というものなど、あろうはずがないというのが、諸法無我の意味であります。

唯識教義は、こうした仏教のもっとも基本的な考え方にもとづきながら、阿頼耶識という潜在的でもっとも根本的な心の領域を模索しつづけました。私たちは、そうした阿頼耶識という深層心について、わずかながらみてきました。――くり返すならば、阿頼耶識（一切種子識）は、時々刻々に前滅後生しながら相続されていくものであって（種子生種子）、不変で実体的なものではありません。そして、そのように相続されてきた種子は、いろいろな縁が整えば現行し、現行はその印象気分を阿頼耶識に熏習していきます。こうした種子生現行・現行熏種子の連鎖は、つねに変化してやまない阿頼耶識というものを遺憾なく表わしています。

私たちは、日に日に新しい経験を積んで、人生をそれなりに豊かなものにしていきます。このことだけ切り取ってみても、わが阿頼耶識は、次々にそれらの新しい経験・体験の痕跡を、そのなかに組み込んでいくものであります。かれこれ、第八阿頼耶識は、決して不変なもの・実体的なものでないことがわかります。

しかし、その一方、過去の経験のすべてをその内容とする阿頼耶識は、大きく全体的には、同じ性質が相続されていくものであります（一類相続）。したがって、そこに、何か変わらぬ自分というものが確固としてあるように思われてならないという一面も、また、たしかに、阿頼耶識にはあるのです。深層心の阿頼耶識を探求し続けた唯識仏教は、同じく心の潜在的な領域において、そうした強い傾向というものを、私たちが本来的にもっていることをつきとめたのでした。そして、阿頼耶識をそのように自己に関する確固不変な実体（我）と錯覚する心のはたらきを、〈末那識《まなしき》〉と呼びました。

末那とは、サンスクリットのマナスの音写で、このコトバには、「恒審思量《ごうしんしりょう》」の意味があるといわれています。――末那識は、阿頼耶識を実我だと、恒に審らかに思い量る心ということです。

ここで、「蔵の三義」ということを、ふり返ってみる必要があろうと思います。〈蔵識（阿頼耶識）〉の「蔵」ということについて、①能蔵②所蔵③執蔵の三つの意味があるというのが、蔵の三義であります。そのなか、③執蔵とは、「我愛縁執《があいえんしゅう》」の意味であるといわれています。それは、第八阿頼耶識は、第七末那識によってつねに執着の対象とされる――、逆にいえば、末那識は、阿頼耶識を対象として、これこそ自己に関する不変な実体であると執着してやまないということであります。こうした執蔵の義は、阿頼耶識と末那識との関係を、端的に表わしたものといえます。

唯識仏教では、こうした末那識によって執着されるスガタが、阿頼耶識それ自体の相（自相）であると考えられています。そして、能蔵・所蔵・執蔵の三義のなか、この執蔵の意味が一番重要だとされています。それはどういうことかというと、このような阿頼耶識と末那識との関係の中にこそ、迷昧する私たちの日常生活の淵源があるのだ、という意味なのです。

能蔵ということも、所蔵ということも、もちろん、重要な意味をになうものであります。しかし、執蔵の義をことさらに重く受け取ろうとするところに、宗教としての唯識がはっきりとその顔を現わしているといえるのではないかと思います。――唯識の考え方は、ただ単に、心の構造を解明しようとするものではありません。釈尊の教説がそうであるように、唯識説もまた、苦からの解脱を希求し、心のやすらぎを志向するものであります。それには、まず、人間存在の苦はどこにその根源があるのかということを、解明する必要があるわけです。そうしたテーマにそって、私たちの心の構造、その力学的関係、あるいは個々の心的作用について、詳しく解き明かそうとするのが、唯識仏教です。

――いずれにしても、自己の生存を大きくバックアップしながら一類相続する心的領域を実我と誤認し、それに愛着していくところに、さまざまな人間模様がくり広げられるのだというのが、唯識仏教の考え方なのです。

第二能変の末那識

第七末那識は、つねに、その目を第八阿頼耶識という自己そのものだけに向けて、それに執着し続ける心的作用です。そのほかは、いっさい眼中にありません。末那識は、したがって、自己執着心といっていいと思います。当然、そうした心のはたらきは、わが生活をきわめて利己的に営ましめるものであります。

この末那識について、鎌倉時代の良遍《りょうへん》（一一九四～一二五二）は、つぎのように説明しています。

凡夫ノ心ノ底ニ常ニ濁テ、先ノ六ノ心ハイカニ清クヲコレル時モ、我ガ身我ガ物ト云フ差別《しゃべつ》ノ執《しゅう》ヲ失セズシテ、心ノ奥ハイツトナクケガル丶ガ如キナルハ、此末那識ノ有ルニ依テ也。

この文章は、『法相二巻抄《ほっそうにかんじょう》』という書物のなかで語られるものです。本書は、古来、唯識の入門書といわれるだけあって、さすがに要領を得た解説です。引用した文中、「先の六の心」とは、もとより、眼・耳・鼻・舌・身・意の六識のことです。

今、これによって、いちおう末那識の特徴を整理してみると、第一は、末那識という心は、私たちが直接確認することができない潜在的な心的領域であること。第二は、末那識の心的作用には、間断がなく、常に活動するものであること。そして、第三は、その活動の内容は、なにごとも自分中心で、平等の観念がないこと。以上、三点にまとめることができるのではないかと思います。

ところで、私たちは、なんといっても、意識的な心ないしは自覚的な心によってしか、自分自身をふり返ったり、今後のあり方というものを模索することができません。日頃、私たちは、自分の行動について、――あれは、やっぱりまずかったナ、とふり返り、――これからは、もう少し相手の立場にたってものごとをすすめなければ、と反省することが少なくありません。

このこと自体、素晴らしいことであり、実に尊いことであります。こうした心の地道な積み重ねによってこそ、私たちは、人として大きく成長することも可能であるわけです。ここで、わが利己性は、一見、大きく後退したかにみえます。しかし――。

私たちの自分へのこだわり、あるいは自己愛というものが、たったこれだけの反省で断ち切れたり、捨て去ることができるのであれば、話はまことに簡単です。もしそうであれば、人間浄化も社会浄化も、もっとスムーズに行なわれるはずです。私たちの利己性・自己愛というものは、そんななまやさしいものではなく、すさまじいばかりだ――。現実の生活を通して人間というものを見ようとする唯識仏教は、私たちの利己性について、そのように指摘せざるを得ませんでした。そして、そうした見方が、私たちの心の深層に利己性・自己執着（我執《がしゅう》）の根源としての末那識を見出さずにはおれなかったといえます。

くり返しますが、末那識は、潜在的にそして常にはたらく心であります。それは、たとえば私たちが、〈いま、自分のしていることは、たしかに、善なることだ〉、と思って行動している時も、ひそかに、この利己心がはたらいているのだということです。一般に、社会の発展や充実に貢献することは、まぎれもなく善の行為であります。当然、社会的に高く評価されてよいものです。しかし、その人の内側というか、宗教的には、私たちの場合、どのような行為・行動にも、かならずダーティな部分がつきまとうというのです。『法相二巻抄』に、「凡夫の心の底に常に濁て」といい、「心の奥はいつとなくけがるゝ」とあるのは、その意味です。

迷昧する人間のスガタというものが、深く我執、すなわち、自己執着に根ざしたものであるとする考え方は、もちろん、ひろく仏教一般に行なわれていることです。しかし、それを、深層心の末那識を想定することによって、もっとも明確なカタチで表明したのが、唯識仏教であるといえます。――その我執ですが、当然それは、捨てなければならないものであります。

大乗仏教の代表的な「菩薩の行」である〈六波羅蜜《ろくはらみつ》……布施《ふせ》・持戒《じかい》・忍辱《にんにく》・精進《しょうじん》・禅《ぜん》定《じょう》・智慧《ちえ》〉や〈四摂法《ししょうぼう》……布施《ふせ》・愛語《あいご》・利行《りぎょう》・同事《どうじ》〉の最初に、「布施」が取り上げられているのは、その意味で、注意すべきことであろうと思います。それは、他者に施す、あるいは施し切るということが、自己への執着を捨てることにつながるからであります。布施とは、いうまでもなく、自己所有のものを無条件に他者に与えることです。いかなる見返りをも求めないで、与え切ることです。したがって、私たちが、どこまでも自己執着に徹した生活をしつづけるかぎり、自分のものを他者に無条件に与えることなど、決してできるものではありません。

こうした布施について、古来、「三輪清浄《さんりんしょうじょう》」ということが説かれています。三輪とは、能施《のうせ》・所施《しょせ》・施物《せもつ》、の三つです。これら三つが、少しもわだかまりがない時、完全な布施が行なわれたとされます。これが、三輪清浄です。無条件の布施・礼状一本も期待しない布施です。それは、施し切ったといってもよいものです。

それに対して、「この私（能施）が、自分の所有している物（施物）をあの人（所施）に与えてやったのだ」という思いの強い布施を、三輪不清浄といいます。ここでは、我執が捨てられていないばかりか、いよいよ自己へのこだわりが強調されています。私たちの布施は、もとより、この部類に入ります。布施行は、他者と施物とがからむだけに、自己ということがどうしても〈意識〉の上にクローズアップされますので、三輪清浄の布施をサラリとやってのけることは、ひじょうに難しいといえます。しかし、それだけに大事な仏教の実践項目であるのです。——我執を捨てなければ成立しない布施の行ないが、六波羅蜜や四摂法などの菩薩行の最初に掲げられるゆえんです。

そしてなお、潜在的にひそかに自己執着に徹するという末那識というものを念頭において、この布施の問題を考えてみると、私たちの施しというのは、どこまでも自分の都合のいいようにしか行なわれないものであることが、いよいよはっきりと理解されます。

それはさて、この〈どこまでも自分の都合のいいように――〉という末那識の利己性は、私たちが見・聞きし、そして、あれこれ思いめぐらすその対象に、当然大きく影響していくであろうことが考えられます。先に、私たちは、認識の対象が、まず自分自身の過去によって変形されるという〈初能変の阿頼耶識〉について、みてきました。しかし、今や、それだけではなく、その上に、わが認識対象は、末那識という我執・利己性によって、自分の都合のいいように意味づけされるものだというのです。私たちは、第八阿頼耶識によって能動的に変えられ、なおかつ、第七末那識によって能動的に変えられた環境のなかに生活しているといえます。そこで、これを、〈第二能変の末那識〉といいます。

私たちは、ふつう、認識の対象そのものを直接に認知し、そしてそれを如実に、あるいはおおむね正しく理解していると思って生活しています。少なくとも、私たちには、認識対象について、可及的に正しく捉えようとする気持が相当にあると思います。したがって、眼の前のものを、わざわざねじまげて見てやろうなどということは、思ってもみないことなのです。

――たしかに、そうにちがいありません。しかし、実は、阿頼耶識や末那識という能変の深層心の影響を受けて大きく変現したものを、私たちは、認識の対象としているわけです。そして、とくに第二能変では、ものごとは、すべて自己の方向に大きくねじまげられて意味づけされます。このように、わが認識の対象は、〈能変の心〉によって変えられた境、〈所変の境〉なのです。決して対象そのものではないことを、充分わきまえておくことが必要です。

このようにみてくると、自分のまわりの人々、ないし、さまざまな出来事をまったく正しいスガタにおいて承知していると思って日常生活を送っている私たちも、その自負の気持を捨てて、いささかなりとも考え直さなければ、という気持になってきます。唯識の教義は、まず、そこのところが大事なのです。

四つの煩悩

阿頼耶識は、私たちの行為・行動のすべてを〈種子《しゅうじ》〉として蓄積する深層心です。それは、一類相続といういわば〈変わりつつも変わらない〉性質をもっています。心の深層部分のこうした性質に対して、これこそ自己に関する不変・実体的なものと見誤り、愛着してかかるのが、深層のもう一つの心的領域である末那識であります。

私たちの行動の一つ一つが、その印象を阿頼耶識の中に熏習し、熏習された種子が〈種子生種子〉の機構によって一類相続されていくことが、私たちの知らない間にひそかに行なわれるものなら、末那識がそうした阿頼耶識に執着していくのも、また、私たちの直接知ることのできない作用であります。――それは、末那識の自己執着、つまり〈私〉がその内部にかかえる自己愛あるいは利己性というものが、たいへんきびしいものであるということを意味しています。端的にいえば、それは、利己的なわが言動を真摯に反省する〈私〉のなかに、なお、ぬくぬくとして自己愛に徹する〈私〉がいるということに他なりません。ここでは、そうした自己愛・利己性の根源である末那識の具体的な心作用（心所）について、みていきたいと思います。

唯識仏教では、私たちの心のはたらきは、全体として五十一あると考え、そして、それらを《遍行《へんぎょう》》《別境《べっきょう》》《善》《煩悩》《随煩悩》《不定《ふじょう》》の六つのグループに分類しています。第三章【心のはたらき】において、その六種五十一心所を、『大乗百法明門論《だいじょうひゃっぽうみょうもんろん》』によってリスト・アップしましたので、見返していただきたいと思います。そのなか、末那識のもつ具体的な心理作用は、《遍行》を除いて、ほぼ《煩悩》と《随煩悩》とに集中しています。これらは、いずれも、私たちをわずらい悩ます心のはたらきを集めたグループです。《煩悩》は、私たちの身心を熱悩させる根本的な心理作用で、「根本煩悩」とも「本《ほん》惑《わく》」ともいわれています。この《煩悩》グループには、〈貪《とん》〉〈瞋《しん》〉〈慢《まん》〉〈無明《むみょう》〉〈疑《ぎ》〉〈不《ふ》正見《しょうけん》〉の六つの心所があります。このうち、末那識のはたらきとしては、〈貪〉〈慢〉〈無明〉〈不正見〉の四つがあると考えられています。

さきの『大乗百法明門論』は、唯識説をほぼ完成させたといわれる世親菩薩の著作ですが、同じ世親菩薩に『唯識三十頌《ゆいしきさんじゅうじゅ》』の名著があります。これによれば、末那識は、常に四つの煩悩をともなうもので、その四煩悩とは、〈我癡《がち》〉〈我見《がけん》〉〈我慢《がまん》〉〈我愛《があい》〉であると述べています。

これら二つの著作を比べてみると、呼び方や取り上げる順番がやや違いますが、心作用としては、もちろん同じです。ただ、『唯識三十頌』の「四煩悩常倶　謂我癡我見　并我慢我愛……」の経句が、古来、たいへん有名ですので、ここでも、説明にあたっては、主にこれらの呼称を用いることにしたいと思います。そこで、とりあえず『三十頌』の記述を中心として、末那識に相応する《煩悩》の四心所の呼び名を整理しておきますと、〈我癡〉〈我見〉〈我慢〉〈我愛〉は、『大乗百法明門論』の〈無明〉〈不正見〉〈慢〉〈貪〉に、それぞれほぼ相当することがわかります。以下、順次、簡単にみていくことにします。

〈我癡《がち》〉の心所《しんじょ》は、「無明」あるいは「愚癡《ぐち》」ともいわれるように、ものごとの道理に暗く、迷うことです。こうした心理作用は、実に、一切の煩悩をみちびくものですから、

〈我癡〉は、その意味で、もっとも原初的で根本的な心作用《しんさよう》であります。すなわち、迷味する私たちの日常生活の、その迷味の根本的原因といえるものです。四煩悩の第一に取り上げられるのも、そのためです。

この心所自体は、実は、前五識や第六意識にもみられるものであると考えられています。したがって、「無明」の心作用といっても、その内容は、さまざまで一定ではありません。そのなか、第七末那識の心理作用としてのこの心所の特徴は、〈我見〉〈我慢〉〈我愛〉とともに起こり、なおかつ、永遠の過去からひとときも間断なく作用するものであるということです。

この「無明」は、無我の道理に迷って、つぎの〈我見〉と相応するところから、〈我癡〉というのだとされています。

ところで、「不正見」は、その内容からみて、身見《しんけん》・辺見《へんけん》・邪見《じゃけん》・見取見《けんしゅけん》・戒禁取見《かいごんじゅけん》の五種に細分されます。

〈我見《がけん》〉は、このなか、〈身見〉に相当します。これは、元来、いろいろな要素が仮和合することによって成り立っている〈私〉というものを、不変・実体的のものだと錯覚していくことです。無常であり無我である〈私〉を常であり実我であると見るのが、〈我見〉であります。私たちは、日常、実にさまざまなまちがった見方をしていますが、その本《もと》にあるのが、この〈我見〉です。

なお、「不正見《ふしょうけん》」については、すでに一瞥した《別境》の〈慧《え》〉の心所を、想起する必要があります（第三章【心のはたらき】）。〈慧〉の心所は、いうまでもなく、認識の対象を選び分け、そして、決断していく心のはたらきですが、こうした心作用は、善のレベルだけではなく悪や無記においても、当然に作用するものです。そのなか、悪の方向、つまり、ものごとを顚倒した（まちがった）相において選び取っていくのが、「不正見」です。

こうした「不正見」は、全体としては、第六意識と第七末那識に行なわれる心所であるとみられています。さきに「不正見」を細分した五見のなか、〈身見〉が四煩悩の〈我見〉だといいましたが、詳しくはその〈身見〉のうち、先天的に身にそなわり、かつ常に作用してトギレのないものが、第七末那識の〈我見〉です。そして、〈身見〉の心作用でも間断のあるもの、あるいは辺見・邪見・見取見・戒禁取見は、末那識のはたらきではなく、すべて第六意識の心理作用であると考えられています。ちなみに、辺見・邪見・見取見・戒禁取見は、因果の考え方を尊重せず、極端で誤った仏教以外の見解です。これらは、辺見を除いて、先天的に身にそなわったものではなく、後から社会的に学習された見方であります。

このように、一類相続という性質ではあるが、少しも不変・実体的のものでない阿頼耶識を誤認して、実我と思い込んでしまう生得的で間断がなく、そして潜在的な心理作用が、四煩悩の〈我見〉であります。

〈我慢《がまん》〉は、自分をたよりにして大いに自負し、かつ、他の人をあなどっていく心的作用です。日常語のガマンは、耐えるという意味ですが、これは文字通りに解釈します。一体に「慢」ということは、自分と他人とを比べてみることから、にじみ出る心のはたらきです。そして、自分というものを過大に評価し、他者に対して優越感をもつことであります。

こうした慢心には、慢《まん》・過慢《かまん》・慢過慢《まんかまん》・我慢《がまん》・増上慢《ぞうじょうまん》・卑慢《ひまん》・邪慢《じゃまん》の七種があると考えられています。これを、「七慢」といいます。四煩悩の〈我慢〉は、もちろん、この中の我慢を指しています。

ちなみに、七慢は、いずれも自他を比較して、自己の優越を少しでも多く確保しようとする心理作用です。たとえば、卑慢《ひまん》などという心の動きは、ある意味で、その一つの典型であろうと思います。これは、どうみても自分よりすぐれた人に出くわしてしまった時に、頭をもたげてくる慢心です。こうした時、ふつうは慢心など起こりそうにもないと考えられるのですが、さにあらずなのです。——相手のすぐれていることは、この場合、認めなければなりません。それをしぶしぶ認めた上で、私たちは、〈そこまではいかないが、自分だって、けっこういい線をいっている〉などと思うというのです。その人と自分とを比べてみて、本当は、たいへん劣っている〈私〉であるにもかかわらず、少ししか劣っていないと自分に言い聞かせる――、これが、卑慢といわれる心のはたらきであります。

この場合、私たちは、残念ながら優越感をもつことができないのですが、そのかわり、自己の劣勢を少しでも食い止めようとするのだというのです。卑慢はこのように、ストレートな慢心ではありません。しかし、それだけにかえって、「慢」ということのすさまじさが微妙に顔をのぞかせているようです。

こうした「慢」もまた、第六意識と第七末那識とにみられる心所であると考えられています。このなか、意識の領域でうごく慢心というものは、それを自覚し反省することによって、これを押え込んでいくことができます。しかし、第七末那識に相応する慢心は、心の潜在的な領域において作用するものですから、真摯な反省のまなこを、いささかも寄せつけるものではありません。

知らぬことを、さも知りつくしたかのように思い込んでいた自分は、まさに増上慢《ぞうじょうまん》であった――。もし、本当にこのように深く反省することができたならば、それは、私たちにとって、ある意味で大変すばらしい進歩というべきであろうと思います。なぜなら、私たちは、それを軸として、これからの生活を大きく展開させていくことが可能だからです。

しかし、そうした表層心の動きの裏に、やはり、ひそかに自己をあてにし、自負してやまない心作用があり、また、他の人をあなどる気持というものがあるというのが、唯識仏教の見方であります。そして、それが、末那識にみられる〈我慢〉という心のはたらきです。〈我愛《があい》〉はまた、「我貪《がとん》」ともいい、「貪愛《とんあい》」もしくは「貪着《とんじゃく》」のことです。「貪」とは、自分の気持に適うことは、何ごとにつけ貪っていくという心所です。

この「貪《むさぼり》」は、「瞋《いかり》」「癡《まよい》」とともに三毒煩悩といわれています。「貪」は、私たちを仏の世界から遠ざけるもっとも根本的なものの一つとして、よく知られた心のはたらきです。時として自分自身をふり返る上にも、容易に検出できるもので、私たちにとっておなじみともいうべき《煩悩》の心所であります。

「貪」は、前五識、第六意識そして第七末那識に幅広くみられる心所であると、唯識仏教は指摘しています。そのなか、末那識に相応する〈我愛〉は、末那識が阿頼耶識を見誤って実我だと執着する上に、はたらくものです。執着する我に対して、いよいよ愛着の念をきわだたせていく心的作用が、〈我愛〉であります。もちろん、これも、自己の言動をふり返って自覚できるようなものではありません。反省して確認することができるむさぼりは、意識などの表層心の貪心所にすぎません。そうしたときにもなお、意識の水面下でうごめくのが、第七末那識の〈我愛〉であります。

八つの随煩悩

阿頼耶識という一類相続する深層心を見誤って実我だと思量し、それに執着してやまない末那識が、その代表的な作用として、〈我癡〉〈我見〉〈我慢〉〈我愛〉という四つの煩悩を常にともなっていることは、前項でみた通りです。これらの四煩悩は、〈瞋〉〈癡〉の二つの心所とともに、根本煩悩といわれ、私たちを惑乱するもっとも根本的な心所であるのです。

こうした根本煩悩によって、起動していく心のはたらきがあります。それが、《随煩悩》グループに分類されている二十の心所です。そのなか、第七末那識の心理作用としては、〈不信《ふしん》〉〈懈怠《けだい》〉〈放逸《ほういつ》〉〈惛沈《こんじん》〉〈掉挙《じょうこ》〉〈失念《しつねん》〉〈不正知《ふしょうち》〉〈心乱《しんらん》〉の八つの心所があると考えられています。もっとも、これらの八心所は、すべての染汚心《ぜんましん》の起こるとき、かならず倶起《くき》するといわれています。それは、第七末那識のみならず、その末那識をよりどころとする第六意識、さらにその意識に導かれる前五識にも相応する心のはたらきであるということであります。なお、染汚心とは、けがれた心という意味です。けがれた心とは、仏教の場合、私たちがそれによって惑乱され、その結果、仏との距離がいっこうに縮まらないばかりか、いよいよ広がろうとする心のあり方です。

以下、これら《随煩悩》の八つの心所を簡単にみてみることにします。

〈不信《ふしん》〉は、善法《ぜんぽう》に思いをはせ、それにこの身を委ねて、よき結果をねがうという気持のないことであります。こうしたことが、私たちの心を穢していくものであると考えられています。善法とは、あらゆる善きことなのですが、つきつめていうならば、仏を思い、仏の教えをねがい、そして、仏の教えによる生活を真摯に希求することに他なりません。そうした善法を思わず、求めない心のはたらきが、〈不信〉であります。

〈信〉ということは、私たちの心をきよめていく力をもっているというのが、仏教の基本的な考え方であるといわれています。したがって、〈不信〉は、私たちの中に〈信〉が立ち上がっていくのをさえぎる心作用ですから、心を穢すものであるのです。

この〈不信〉によって導かれるのが、〈懈怠《けだい》〉であります。善法に対して気持がものうく、それに向けて立ち上がろうとしない——、それが〈懈怠〉の心所です。地道な向上の気分というものを押え込む心理作用であります。——この〈不信〉と〈懈怠〉について、良遍は、「不信の人は懈怠で、懈怠の人は不信だ」（『法相二巻抄』取意）と述べています。

ところで、仏教では、よく断悪修善ということをいいます。これは、心を惑乱するものを断ち、仏の世界への姿勢を持ち続けることですが、それは、一つの生活のけじめと考えていいものです。一般的にいっても、私たちは、何らかのけじめの上に立たなければ、人生というものを展望することはできません。そうしたけじめというものがなく、きわめてほしいままなのが、〈放逸《ほういつ》〉の心所です。こうした心理作用によって、心の染汚が強調されることになり、また、〈私〉のかかえこんでいる善なるものが損なわれていきます。〈惛沈《こんじん》〉とは、心がなんとなく重くうち沈んで、ものごとを的確に識別したり、判断できなくなる心理状態であります。

これと正反対なのが、〈掉挙《じょうこ》〉の心所です。これは、異常に浮き立った心理状態です。そのため、ものごとを深く見定めることができないのが、この心所の特徴です。〈失念《しつねん》〉は、《別境》グループの〈念〉の反対で、忘れることであります。認識の対象を見失えば、的確な判断をしようにもできませんし、さまざまに思いめぐらすことも不可能です。心を注ぐべき認識の対象を忘却するのですから、その結果は、心を散乱させることにつながっていきます。〈失念〉は、〈心乱《しんらん》〉のよりどころとされるゆえんです。

その〈心乱〉は、また、「散乱」ともいい、《別境》の〈定〉心所の逆の作用をもつものです。すなわち、認識の対象にじっと心を注ぐということがなく、多くのものごとの上を、次々に気持が走り移っていくという心のはたらきです。そしてその結果、私たちに、かたよった見方・誤った見方をさせてしまう心のはたらきです。

この〈心乱〉と〈掉挙〉とは、一見よく似た心のはたらきです。そのちがいは、〈掉挙〉は、一つの認識対象に対して心が異常に浮き立って、あれかこれかとその理解の内容をかえていくのに対し、〈心乱〉は、認識対象そのものを、次から次へとかえていくのです。しかし、いずれにしても、一定の対象に気持を集中して心を乱れさせない〈定〉の心所を妨げるものであることにちがいありません。

最後の〈不正知《ふしょうち》〉は、知るべきことを誤って理解してしまう心のはたらきです。

以上、末那識にみられる《随煩悩》の八つの心所について、短文ながらその特徴をみてきました。しかし、注意しておかなければならないことが、とりあえず一つあります。——それは、末那識のはたらきは、奥深くたいへん微妙なもので、直接これを知ることができないものだということです。それは、四煩悩についても同じことがいえます。そこで、こうした末那識に相応する心所の説明は、ふつう、第六意識の場合に即してなされることになっています。第七末那識のはたらきを説明するならば、大体このようになるのであろうということであって、実際は、コトバにもならない、いわゆるドロドロとした心理作用なのです。そこのところを、よく理解しておくことが大切です。

まとめ

釈尊は、諸行無常を語り、諸法無我を説いて倦むことがなかったと伝えられています。それは、ある意味で、時間も空間も大きく隔たって今ここに生きる私たちにまで、そうした真理を行きわたらせようとされたのであるとも受けとめることができます。しかし、もとよりそれは、後世の仏教者としての一つの思いにすぎません。人間存在の実態というものに即して考えれば、やはり、無常・無我ということの真の納得が、迷昧する人間にとっていかに難しいものであるか、ということなのです。人間におけるそうした困難さが、おのずから釈尊をしてくり返し説かしめたのであろうことにちがいありません。

人間も、それをとりまく自然も、すべてはうつろい易く、今ここにこうして在るのも、さまざまな要素が仮和合しているだけであって、不変・実体的なものは何一つない――それが、いうまでもなく諸行無常であり諸法無我ということの意味であります。そうした真理を提示された時、私たちは、それは確かに真実であろう、と、いちおう納得してみせます。しかし、同時に、無常だというけれども、今日の〈私〉は、数ヶ月前の〈私〉と何一つ、あるいは、ほとんど変わらないではないかという率直な思いをつのらせるのではないでしょうか。遠く幼い頃の自分と比べれば、確かに成長という変化があるわけですが、それでも、何かしら変わらないものが自分の中にあることを、私たちは実感として持っています。そして、その〈変わらない〉というところに引き寄せられて、それを自己に関する実体的なものと思量して、執着の気持をたくましくしていくのが、如実な私たちのスガタではないかと思います。

唯識仏教は、こうした自己執着のメカニズムについて、阿頼耶識を対象とする末那識という潜在的な自己執着心を想定することによって、的確に解明したのでした。再説するならば、私たちの行為・行動の痕跡を蓄積しつつ、全体として一類に過去から未来へと相続する阿頼耶識を、これこそ自己に関する不変・実体的なものと末那識が誤認してかかるところに、私たちの自己執着そのもののスガタがあるとする考え方であります。

こうした人間の無常性、あるいはそこから導きだされる無我ということを言外に含めて、英俊は、つぎのような道歌を残しています（『多聞院日記』天正九年十二月二十九日条）。

老いたるも若きも死ぬる習《ならい》ぞとしりゝかほにしてしらぬ身ぞうき

人間というものは、いずれは死んでいくものなのだ、と、誰もがわけ知り顔でいうけれども、そういいながら生に執着し、自己に執着して生活している。本当は、わかっていないのだ。憂きこと（つらいこと）だよ——。英俊のため息が、聞こえてきそうです。

それはさて、末那識は、自己しか関心のない心です。したがって、そのような心を深層にもつ私たちの日常は、どこまでも自己中心的です。私たちの生存には、どこまでも利己にむかってうごめく深い自己があるということであります。

末那識にみられる《煩悩》《随煩悩》の心所は、すでにみたように末那識のみに相応するものではありません。それらは、第六意識にも、あるいは、場合によっては前五識にもみとめられるものなのです。第六意識のレベルではたらく《煩悩》《随煩悩》の心理作用は、もちろん自覚できるものであって、深い反省によってそれを押え込んでいくことも可能であるのです。しかし、そのときも、潜在的な領域では、依然として四煩悩が微妙に活動しています。——私たちは、自己中心的な基盤の上に、自覚できる自己中心的な言動を断片的に反省しているにすぎないのです。

もちろん、意識のレベルで、善の方向を模索することは、私たちの人生にとって大変意義あることであります。ただ、そのときも、深い自己は、四煩悩をたずさえてあくまでも自己執着の姿勢をくずさないのです。まことに、良遍の述べるように、「凡夫の心の底に常に濁て、先の六の心はいかに清くおこれる時も、……心の奥はいつとなくけがるゝが如きなる」状態なのです。私たちの善なる行動に、すきっとした透明感がともなわないのは、このためです。

そうして、利己性にうごめく深い自己が、ものごとを自分の都合のいいように引き寄せ、それを、私たちは認識の対象としているのです。私たちは、こうした他をしりぞけ自己に執着しつづける末那識を、直接確認することはできません。つまり、それを当面どうすることもできないわけなのです。しかし——。私たちが認識対象として目の前にすえる事物が、末那識という利己心に能変《のうへん》された〈所変《しょへん》の境《きょう》〉であるというそのことは、常に明らかに想い起こすべきことであろうと思います。

弥勒菩薩像　厨子扉絵に無著・世親像がある（興福寺蔵）

第六章　利己性にうごめく深い自己——心の潜在的な領域　2

第七章

さまざまに判断する心

深層心と第六意識

私たちは、毎日、多くの人々に出会い、いろいろな出来事を見・聞きし、そして、それらについてさまざまに思いめぐらしながら生活しています。したがって、日常生活とは、〈私〉とそうした人々や事物、あるいは出来事などとの関係の上に成り立っているといえます。もちろんそうした関係は、私たちが、それらのものをどのように認識しているかということに大きく依存しています。

そうしたことについて、私たちは、前章までに、初能変の阿頼耶識が、過去の経験の総体として、まず大きく認識対象に影響をおよぼし、その上、第二能変の末那識が、かぎりなく自己中心的にものごとを理解してかかろうとすることを学びました。言い換えるならば、私たちの日常生活は、自分の過去の行動あるいは経験の総体である阿頼耶識という深層心によって大きく支えられ、そしてまた、潜在的にぬきがたくある自己執着心の末那識を下敷きにして、営まれるものであるということであります。

もっとも私たちは、ふつうは、かなり意識的・自覚的に生活しているとばかり考えています。しかし、このようにみてくると、わが日常生活も、意識的・自覚的な心だけではいかんともしがたいものであることが首肯されます。

これらの初能変・第二能変は、心の深層において行なわれるものですから、もちろん、私たちが自覚できるものではありません。そこで何が行なわれているか――、その本当のところは私たちにはわからないのです。したがって、ある意味でそれは、暗闇ともいえるものです。とくに、第八阿頼耶識は、〈無始以来《むしいらい》の熏習《くんじゅう》〉を受けるところのもっとも根本的な心理的基盤であります。つまり、阿頼耶識は過去の体験・経験の総体ですが、その過去は無限に遡ることができるものなのです。そこに、一体何が所蔵されているのか――。それは、私たちの想像をはるかにこえるものという他ありません。不気味でさえあります。その意味で、わが心の潜在的な領域は、まさに暗闇であります。このように、私たちは、自覚的に生活を営んでいるのだと思い込み、また、現に意識的な心をそれなりにはたらかせているのですが、その背後には、意識することができない実に奥深い心理的基盤があるわけであります。

このような意識的で自覚できる心的領域と意識し得ない深層心との関係について、私はいつも、次のような小咄を連想してしまいます。それは、とてつもなく大きなナスビの夢をみたという小咄です。――どのくらい大きいのかと尋ねられて、男は「暗闇にヘタをつけたような（大きさだ）」、といって、その咄はオチになります。暗闇は、たしかに無限の広がりをもっていますから、このナスビは、無限に大きいわけです。この小咄にみられる比喩に、深層心の阿頼耶識と意識的な心とをあてはめてみると、意識的な心はさしずめ、暗闇のごとく無限な広がりをもつ阿頼耶識につけられたヘタのようなものであるといえるかもしれません。

意識的な心を、ナスビのヘタなどにたとえるのは、きわめて不謹慎であるといわれそうです。しかし、私たちの日常生活を真摯にふり返ってみるならば、自覚できる意識の心だけでは、割り切れないことがたくさんあるわけです。たとえば、これは何度も述べていることですが、第六意識などの表層心には、間断があります。つまり、はたらかない場合があるわけです。そのとき、私たちの感覚はもとより、知覚・感情・思考・意志などといった心的作用はみられません。間断《けんだん》する前と後とでは、それらの心理的なはたらきは連続せず、とぎれてしまうのです。しかし、それにもかかわらず、私たちは、連続ししかも統一したいのちを生きるものであります。それは、そうした表層心をバックアップする過去への無限な広がりをもつ阿頼耶識があるからなのです。このように、私たちの生存において、阿頼耶識は、第六意識などの表層心に比べて、たとえようもなく大きな心理的基盤であるのです。

しかし、だからといって、意識的な心がどうでもいいものなのかというと、決してそうではありません。なぜならば、私たちは、意識的な、あるいは自覚的な心によってしか、自分の歩いてきた道をふり返り、現在の自分を調整し、そして歩いていこうとする未来を、模索し展望することができないからです。私たちは、なんといっても、第六意識の心理作用によらなければ、自分というものを高めることができないのです。――意識の世界が、阿頼耶識と末那識という深層心の絶大な影響を受けるものであっても、明日への展望は、こんにちただいまの意識によって、はじめて開くことができるのです。

そういう意味での深層心と第六意識との関係を比喩的に考える材料として、つぎに、『不断草』という短編小説の冒頭の一節を引用したいと思います（山本周五郎『小説　日本婦道記』所収）。

「ちょうど豆腐をかためるようにです」良人《おっと》の声でそう云うのが聞えた。
「豆を碾《ひ》いてながしただけでは、ただどろどろした混沌《こんとん》たる豆汁《まめじる》です、つかみようがありません、しかしそこへにがりをおとすと豆腐になる精分だけが寄り集まる、はっきりとかたちをつくるのです、豆腐になるべき物とそうでない物とがはっきり別れるのです」
「ではどうしてもにがりは必要なのだな」

それはお邸《やしき》の与市《よいち》さまの声だった。

「そうです、でなければ豆腐というかたちは出来あがりません」

良人も与市さまもひどくまじめくさった調子だった。……


深層心のはたらきは、すでにしばしばみてきたように、過去の体験・経験の印象気分を〈種子〉として保持しつづけるもので、欠くことのできないものであります。ある意味で、それは、個性の原形といってよいものであろうと思います。もっとも、それはカタチのない原形というべきものです。引用した文章の、どろどろした混沌たる豆汁は、いうなればそうした深層心とみることができます。

しかし、いかに欠くことのできない深層心であっても、それだけでは、個性的に生きる〈私〉という明確なスガタにはなり得ません。ちょうど、どろどろした豆汁ににがりを入れて、はじめて豆腐というカタチが出来あがっていくように、カタチのないどろどろした〈私〉の上に、ものごとをさまざまに判断する第六意識がはたらくことによって、はじめて個性をもった明確な〈私〉というものが形成されていくわけです。

以上、意識的な心を、ナスビのヘタにたとえながらも、しかしそれは、豆腐をつくるにがりにも似て、きわめて重要なものであることにいささか注目しようとしました。――

要約するならば、深層心という生存の基盤は基盤として、意識的な心的作用がなければ、〈私〉というものは、現実の社会のなかで立ち行かないということであります。

唯識仏教は、無意識つまり心の潜在的な部分を考察し、そして、その重要性を強調してやまない教えではあるのですが、そうした意味で、これからみていこうとする第六意識もまた、たいへん重要な意味をもつものなのです。

ところで、宗教といえば、一体に、私たちに信仰を求めるものであります。宗教には実にさまざまな形態がありますので、信仰の定義もまた、一様ではありません。しかし、今までみてきたことがらをふまえて述べるならば、信仰とは、過去の一切を土台としながら、未来に明るいものを見出そうとすることであろうと思います。もちろん、これもとりあえずの定義にすぎませんが、これについて頭に入れておかなければならないことが、少なくとも二つあると思います。その一は、過去は、何人もこれを動かすことができないということであります。どのような過去であれ、それをそのまま私たちは受け取らなければならないということです。そして、その二は、第六意識は、第七末那識の強い影響を受けてはたらくものであるということであります。それは、つまり《善》の心所もまた、平等の観念の乏しく自己執着にきびしい枠組みの中で作用するものであるということです。

しかし、そうでありながら、なお、私たちは、今この時点からまず手のとどく意識のレベルにおいて、ジタバタせずわが過去を大きく受けとめ、そして、〈仏の世界〉へと自分というものを高め、深め、そして広めようとする——。それが、唯識説による宗教の第一歩であり、唯識仏教による信仰のスタートであろうと思います。

第三能変の第六意識

私たちの心というものは、認識すべき対象をそのまま、あるいは、あるがままに受け取るというような単純なものではありません。それどころか、見るもの・聞くもの・手に触れるもの——、すべての認識対象を能動的に変えていく性質をもっています。そうした能《のう》変《へん》というはたらきを持つ私たちの心が、三層から成り立っており、それらの三層のうち、初能変が阿頼耶識、第二能変が末那識であることは、すでにみた通りであります。初能変および第二能変は、私たちの今までの歩みと自己へのはげしい執着とが、認識の対象を変形していくということです。そして、私たちは、私たち自身のそうした心によって色づけされ変現されたものを直接の認識対象として、そのものの意味を理解するのだ、と唯識仏教は考えています。

こうした教説に従えば、私たちにあっては、ものごとをあるがままに認識するなどということは、まったくあり得ないことなのです。したがって、私たちが、あるがままにものごとを認識していると考えること自体、およそ現実的ではないのです。ここのところをつき崩さなければどうにもならないのですが、私たちは、自分の見方というものがけっこう正しいのだということを、相当強く思い込んでいます。そのため、真正なものの見方の修得ということが、はなはだ困難をきわめるわけです。

さて、そうした能変のはたらきは、初能変・第二能変にとどまらず、なおその上にもあると考えられています。それが、第三能変であって、八識心王でいえば、第六意識と前五識とがこれにあたります。前五識については、次章に述べます。

私たちの心理作用について、唯識仏教は五十一の心所があると考察し、また、それらの心所を、その性質によってそれぞれ六つのグループに分類しています。その六グループとは、《遍行》《別境》《善》《煩悩》《随煩悩》《不定》です。そして、これら六種五十一の心所は、すべて第六意識に相応するものであると考えられています。つまり、第六意識は、実にさまざまな心理的作用をもっている心であるわけです。それはどういう意味かというと、私たちというのは、意識のレベルにおいて、善の方向にも悪の方向にも心をはたらかせることができるのだということであります。阿頼耶識や末那識という深層心に強く影響されながらも、第六意識のさまざまな心理作用によって、私たちは、仏の世界というものに近づきもし、また逆に、いよいよ遠ざかりもするのです。こうした第六意識の心作用によってもまた、ものごとは能変され、その能変の心によって変えられた所のもの（所変の境）を直接の認識対象として、私たちは、そのものの意味を理解しているのです。これが、第三能変であります。

人間の心は、知的なもの・感情的なもの・意志的なものという三つの方向にうごくものであるとする説、あるいは心的機能として情意機能と知的機能との二つがあるとする説があります。こうした考え方は、洋の東西を問わず、相当古くから行なわれているものです。これは、自覚し意識することができる心理作用を考察したものであって、そのかぎりにおいて妥当な説であろうと思います。そして、唯識説の第六意識は、こうした知・情・意の三つをすべて包含するものと考えられますので、相当多岐にわたった心理的作用を展開するものなのです。その意味で、第三能変は、たいへん複雑な内容をもった能変であります。

その第三能変ということで、大雑把ながらみておきたいことは、私たちのいだく興味や関心はもとより、それに対する態度によっても、見えてくるものが随分ちがうということであります。

人さまざまといいますが、私たちは、それぞれにその興味や関心の赴くところを異にしています。そしてまた、その関心あることがらに対してとる態度も、実にさまざまです。

関心をもったことがらに対して明瞭な問題意識をもち、しかも、それを深く追及していこうとする姿勢を持続する場合と、関心はあるけれども取り立てて何もしていないという場合とでは、その関心が同じことがらに向けられたものであっても、おのずからその見ているものがちがうのです。前者は、後者に見えないものを見る――。これを、逆にいうならば、後者は、関心事に対する知的なはたらきかけや深く学ぼうとする意志的な要素が希薄なため、見えてしかるべきものすら見えてこないのです。

第六意識のはたらきによって、当然見えてしかるべきものが見えない場合といえば、たとえば、すでに述べた《随煩悩》の〈惛沈〉や、《不定》の〈睡眠〉の心的作用がはたらいて、気持がものうく、そして深く沈んでしまう場合などが、それに当たります。そのような時は、たとえば読書をしていても、行間を読む、つまり、言外に含められた意味を読み取るどころか、述べられている表面上の意味すらつかむことができかねます。開かれたページに書かれてある文章は、単なる活字の羅列にすぎないのです。また、後に述べる《煩悩》の〈瞋〉なども、そのいかりの心理作用が、私たちの視野を全般的に狭くしてしまいますので、その結果、私たちは、より正しい判断ができかねるのです。これらは、第六意識の感情的な要素が、認識の対象を大きく能変する例であります。

意識の種類

まだ明けやらぬ夏の早朝、一人庭におり立って、ハスの花の香りに親しんでいると、熱帯夜で寝苦しかった身心がウソのように解き放たれて、気分がなにかしらおだやかになります。そのうち、しだいに空が明るくなって、白だの紅だの白に紫の斑の入ったのだの、いろいろなハスの花が、その清楚なスガタを徐々にあらわしてきます。――手近な白色のハスの花に顔を近づけて、その香りを深呼吸します。このとき、まず前五識の眼識や鼻識がはたらいて、白色でいい香りのするハスを、ただそのままに認識します。もちろん、それはまったく、そのものをそのものとしてありのままに直観するだけです。

さて、こうした前五識がはたらくと同時に生起するのが、第六意識であります。この意識は、前五識による直観を、〈これは白色のきれいなハスの花で、とてもいい香りがするものだ〉、と明瞭な認識にすすめるものです。そして、さらに、たとえば〈風蘭や蠟梅もいい香りがするけれど、やはりハスが最高だな〉というように、他との比較を行なうなどして、認識をいよいよ明瞭なものにしていきます。

しかし、第六意識は、前五識がはたらかなければ生起しないという単純なものではありません。前五識の認識は、直観的なものであり、かつ、その場かぎりのものにすぎません。言い換えるならば、前五識は、ただ現在の対象を直観するだけです。しかし、第六意識は、目の前にたとえ具体的な対象がなくとも、今朝楽しんだハスの花のことを思い出し、そして、さまざまに推測・比較・連想あるいは予測などを行なって、思考を発展させることができるのです。つまり、第六意識は、現在はもちろん、過去を回想したり未来を予測して、広くあらゆるものごとを認識の対象とすることができるという性質をもっています。そこで、第六意識を〈広縁の識〉ともいいます。

　こうした第六意識は、前五識とともに生起するか否かによって、①五倶意識《ごぐいしき》②不倶意識《ふぐいしき》の二種に大きく分類されます。

　①五倶の意識とは、前五識のいずれかと倶に生起する意識のことであります。この意識は、前五識と同時にはたらいて、その同一の対象をよりはっきりと認識するのですが、現実の生活においては、私たちは、なおその上に、なにほどかの推測や憶測などをまじえてものごとを捉えようとするのが、ふつうです。そこで、この五倶意識を細分して二つとし、前段を〈五同縁《ごどうえん》の意識〉、後段を〈不同縁《ふどうえん》の意識〉といっています。

　こうした五倶意識に対して、前五識と倶に起こらず、意識の作用のみが単独に生起するのが、②不倶意識であります。この不倶の意識も、〈五後《ごご》の意識〉と〈独頭《どくず》の意識〉とに細分することができます。五後の意識とは、前五識のいずれかと同時に意識がはたらいた後、なお引き続き生起してくる意識作用のことです。前五識とは同時に起こらず、その後を受けて生起する意識作用ですので、五後の意識というのです。これを、本を読むという場面で考えてみましょう。まず、前五識の眼識が開かれたページに印刷されてある文字をそのままに見、そして、その眼識と同時に起こった五倶の意識が、その意味をいちおう明瞭に認識します。しかし、それだけにとどまらず、それに引き続いて私たちは、そこに記述されている内容をさらに深く考えようとします。そうした思考作用が、五後意識のはたらきであるわけです。

ところで、私たちには、折にふれて思い出される文章やコトバというものがあります。思い出しては、そのコトバの意味をかみしめ、そして、より深く味わおうとします――。このような意識のはたらきは、前五識といっしょでもなく、また、五後の意識のように先行する前五識の作用もありません。これが、〈独頭《どくず》の意識〉であります。まったく単独にその頭をもたげてくる第六意識という意味であります。

こうした独頭の意識は、何も特別なものではありません。ごくふつうに、私たちが思索したり、過去をふり返ったり、明日のことをさまざまに思いめぐらしたり、あるいは、遠く隔たって生活している友人の身の上を案じたりする第六意識のはたらきのことなのです。

——ある意味で、独頭意識のはたらきによってこそ、人生が重厚になるのだともいえます。そして、人生に潤いというものを与えていくのも、また、独頭の意識であろうと思います。目の前にない具体的な対象に対して、思いをはせるということは、詩歌などによくみられるものです。秋艸道人《しゅうそうどうじん》會津八一の『鹿鳴集』には、次のような歌が収録されています。

はる　きぬ　と　いま　か　もろびと　ゆき　かへり
ほとけ　の　には　に　はな　さく　らし　も

この歌には、「興福寺をおもふ」という題がつけられています。つまり、東京に帰った道人が、奈良をしのんで作歌したものです。——今ごろは、奈良の興福寺の境内は、桜の花が咲きみだれていて、春を待ちわびていた人々が、そうした中をさぞのびやかに往来していることであろう、というのがこの歌の大意です。

道人の眼識は、実際にこうした光景を認識してはいません。道人の独頭意識が、過ぎし日に味わったそうした光景を想い起こして、奈良は今ごろ、おそらくそうであろうと想像しているのです。そして、そうした風景の中に、そっと自分というものをおいているわけです。

興福寺境内遠景

このように、独頭意識のはたらきについてみてくるならば、目の前の認識対象に対応するだけでは、いかに第六意識がはたらいていようと、その日常生活はまことに平板なものにすぎないという他ありません。自己の深みから発せられたものを、さまざまに思いめぐらせて一つ一つのカタチにし、そして、それらを積み重ねていく——。そうしたなかにこそ、人生の厚みと潤いというものが立ちまさっていくのではないか、と思うのです。

さまざまに判断する心

唯識仏教は、私たちの心のはたらきを分析して、それが、《遍行》として五心所、《別境》として五心所、《善》として十一心所、《煩悩》として六心所、《随煩悩》として二十心所、そして、《不定》として四心所の、都合六種五十一心所にわたるものであることを述べています。そして、これら六種五十一の心理作用をすべてはたらかせることができるのが、他ならぬ第六意識であると考えられています。

第六意識は、〈広縁《こうえん》の識〉といわれるように、過去・現在・未来の一切の法を認識の対象とすることができる心です。そうした意識が、六種五十一の心理作用をもつということは、それら広範囲にわたるものごとを対象として、私たちは、実にさまざまな判断をくだすことができるのだということであります。とりわけ、その性質がはっきりしている《善》《煩悩》《随煩悩》の心所に注目するならば、私たちは、自覚的な第六意識の活動によって、自分というものを善の方向にも不善（悪）の方向にも導いていくことができるものであることがよくわかります。

——もちろん、善の方向といっても、それが、常に四つの煩悩をともなっている末那識という深い利己性の上に営まれるものであることは、もとよりです。ここで、ふたたび良遍のコトバをかりていうならば、「六の心はいかに清くおこれる時も、……心の奥はいつとなくけが」れている私たちなのです。しかし、そうでありながらなお、私たちは、善の精神活動を実行し、仏の世界を模索することができる端緒というものを、確実に身にそなえていることも、また、まぎれもない事実です。それは、私たちが、第六意識のこうした特徴を正確にみつめながら、《煩悩》《随煩悩》の心の動きを押え、《善》の心をたくましくしていくところに、仏の世界をうかがう大きな手がかりがあるということに他なりません。そうして、私たちが、善の方向へとささやかながらに力強く一歩を踏み出すか、あるいは心の惑乱をいよいよ増幅させて、身心を千々に乱れさせるかは、たとえ外部からのはたらきかけがあったにしろ、まったく自らの意識活動によって決まることなのです。——このことは、いかなるときも、決して忘れてはならないことであろうと思います。

ところで、六種五十一の心理作用のうち、《遍行》《別境》《不定》の十四心所については、第三章【心のはたらき】において、また、《煩悩》の〈貪〉〈慢〉〈無明〉〈不正見〉の四心所および《随煩悩》の〈不信〉〈懈怠〉〈放逸〉〈惛沈〉〈掉挙〉〈失念〉〈不正知〉〈心乱〉の八心所については、第六章【利己性にうごめく深い自己】において、それぞれその特徴を一瞥しました。そこで、ここでは、残る《煩悩》の二心所、《随煩悩》の十二心所、そして、《善》の十一心所の各項目を中心にみてみることにしたいと思います。

《煩悩》の〈瞋《しん》〉の心所は、いかりの心であります。これは、ふつう、〈貪《とん》〉および〈無《む》明《みょう》（癡《ち》）〉とともに一括して取り上げられ、「貪・瞋・癡の三毒煩悩」といわれることは、すでに述べた通りです。むさぼり・いかり・まよいの三つが、私たちを惑乱させるもっとも根本的な心理作用だということであります。解脱上人貞慶は、その深い自己凝視を通して、人間というものを「毒気深入の輩《ともがら》」だと述べています（『愚迷発心集』）。毒気深入の語は、すでに『法華経』の第十六章「如来寿量品」にもみられるのですが、毒気とは、三毒の習気ということです。すなわち、〈貪〉〈瞋〉〈癡〉の心的作用にもとづく私たちの日常行動によって阿頼耶識に熏習された印象気分――、そういうものに深く影響されて生活しているのが、私たちであるということであります。

自分にとって快いものに向かって、際限なくむさぼっていくのが〈貪〉の心所でしたが、それと正反対なのが、この〈瞋〉の心所です。〈瞋〉は、自分の気持にあわないもの・気にいらぬものに対して、いかり憎んでいく心理作用であります。いかりの心を起こせば、今までせっかく保ちつづけてきた身心の平安も一挙にそこなわれることは、いうまでもありません。

〈疑《ぎ》〉は、第六意識にのみみられる心理作用であります。因果の考え方や無我などの真実の道理に対して、疑いをいだいて、そうした真理というものにきっぱりと自分をゆだねることができず、躊躇する気持――。それが、〈疑〉の心所であります。

つぎに、《随煩悩》の〈忿《ふん》〉〈恨《こん》〉〈悩《のう》〉〈覆《ふく》〉〈誑《おう》〉〈諂《てん》〉〈憍《きょう》〉〈害《がい》〉〈嫉《しつ》〉〈慳《けん》〉の十心所は、第六意識だけにみられる心理作用です。

まず、〈忿《ふん》〉とは、自分の気にいらぬことに対して、憤然とする気持です。この心所が起こると忿懣やるかたなく、ついに粗暴な言動におよんでしまうといわれています。

〈恨《こん》〉は、〈忿〉につづいて生起する心理作用で、自分の気持にそぐわぬことに対して、憎悪・怨みの気持を持ちつづけることです。私たちは、それによって身心の平安をそこなってしまうという心のはたらきが、〈恨〉であります。

〈悩《のう》〉は、〈忿〉と〈恨〉とにつづくもので、その忿懣やるかたなく、怨みつのった気持を想いかえす心理作用です。そのため、心はおだやかでなく、そうして取り乱すことによって、見るもの・聞くものが気にいらなくなり、自ら熱悩《ねつのう》することになります。――これら〈忿〉〈恨〉〈悩〉の三つが、《煩悩》の〈瞋〉の心所に付随して起こる心理作用であることは、いうまでもありません。

つぎに、〈覆《ふく》〉は、自己の誤った行為、あるいはよからぬ行動によって、今まで築き上げてきた世間の評判や利得が失われてしまうのではないかと恐れて、その具合の悪い行為をひた隠しにしようとする心の動きであります。――当然、隠しているものが露見してしまうのではないかと気が気でなく、あとあとまで悩むことになるのは、この心所によることです。

〈誑《おう》〉は、名声や利益を得ようとして、さも実力があるように自ら装い、他人をいつわること、そして、〈諂《てん》〉も、同じく名声や利益をめぐってはたらく心理作用で、そのためには、心にもないことをいって他人にへつらい、おもねるのです。

世間での評判や利得・利益を、仏教では「名聞利養《みょうもんりよう》」といい、それに対する私たちのすさまじいばかりの欲望がかねて問題にされています。これら〈覆〉〈誑〉〈諂〉の心所は、いずれもこの名聞利養に執着する心作用であり、また、それに対して愚かでまよった考え方を示しています。したがって、これらの三つの心所は、《煩悩》の〈貪〉と〈無明

〈癡〉を根本とするものであることがわかります。

つぎに、〈憍《きょう》〉とは、自分の才能や財産などが、他と比較してすぐれていることに執着し、おごり、たかぶる気持です。《煩悩》の〈貪〉の一つの現われであります。

〈害《がい》〉は、すべての生命あるものに対して、あわれむという気持がなく、苦痛を与えていくものです。

〈嫉《しっ》〉は、名聞利養ということにばかり心をいため悩ましていると、他人の栄誉に対して、心がおだやかでなくなり、これをねたむ気持が出てきます。その嫉妬心が、〈嫉〉の心理作用であります。

以前、林家正蔵から彦六になって亡くなった噺家の芸談を聞いたことがあります。そのなか、「人間いつも勉強していたら、こわいものなどありません」というコトバが、たいへん印象的でした。自ら遠くにかかげた目標に向かって、常に目をそらさず自分というものを高めよう深めようと努力していたならば、たとえ自分が評価されないでも、隣の人がいい仕事をし、それが社会的に評価されたら、すなおに「よかったですね」と喜んであげられます。しかし、何もしないでいると、人がどんどん先にいって、私たちの心はただならぬことになる――。この〈嫉〉という心のはたらきが、活発に作用するわけです。なお、〈害〉と〈嫉〉とは、《煩悩》の〈瞋〉の心所にもとづくと考えられています。

〈慳《けん》〉とは、自分の所有するものは物であれ知識であれ、惜しむ気持が強い心的作用です。したがって、他の人々に分け与えるなどということがないのです。この心の底に、《煩悩》の〈貪〉があることはいうまでもありません。以上が、第六意識にのみ見られる《随煩悩》の心所です。

次に、〈無慚《むざん》〉とは、自ら省みることなく、また、真実に恥じない気持であり、〈無愧《むぎ》〉は、世間をはばからない心であります。この二つの心所は、私たちが不善の心理状態の時、かならずその底にひそんでいると考えられています。また、これらは、第六意識と前五識に相応する心理作用であると考えられています。

つづいて、《善》の心所をみてみることにします。

〈信《しん》〉は、私たちをきよらかにしていく心のはたらきであります。唯識仏教では、この〈信〉ということに、①信忍《しんにん》②信楽《しんぎょう》③善法欲《ぜんぽうよく》の三つの作用があると考えられています。

①信忍とは、世の中の真理を深く見きわめようとすることです。これは、《別境》の〈勝解〉の心所のはたらきにもとづくもので（第三章【心のはたらき】遍行と別境の項参照）、「忍」とは、この場合「認」と同じです。深く理解するという意味であります。見きわめ深く理解するのですから、信忍とは知的な作用であるといえます。

②信楽とは、仏の世界を求め、それにこのわが身をゆだねようとする心のうごきです。

ふつういうところの信仰は、この信楽に相当します。情緒的な要素が強いものです。

そして、③善法欲とは、あらゆる善きことを修習して、それを完成しようと強く希望することであります。したがって、これは、意志の作用と考えられます。

一般に、信ずるという心のはたらきは、人間の情緒的な側面に根ざしたものであると思われています。しかし、仏教本来の信ずるという行為は、単に、そのように情緒的なことがらだけに止まるものではありません。〈信〉という心のはたらきは、実に、知・情・意という人間のすべての側面にまたがったものであるというのが、〈信〉の三作用の意味です。――〈信〉は、人間として兼ねそなえた要素をすべて動員して、私たちを真実の生活へと押し上げようとする心的作用なのです。

仏教では、断悪修善の生活ということがよくいわれますが、ひたすら真理を実行し、真実に生きようとつとめる心理作用が、〈精進〉であります。この心がはたらく時、真理なるもの・善なるものにものうい気持（《随煩悩》の〈懈怠《けだい》〉の心所）は、断ち切られていきます。この〈精進〉という心理作用のよりどころとして、善欲（善の方向に作用する《別境》の〈欲〉の心所）があることは、すでに述べた通りです。

〈慚《ざん》〉は、自分をつねに反省することと自らをゆだねた教えの力によって、〈愧《ぎ》〉は、世間の力によって、それぞれ自らの行状を調整しながら、いよいよ真実の生活にいそしもうとすることであります。――良心に恥じる行為は、これをしないのが〈慚〉の心所であり、外聞をはばかって自己の行動を律するのが、〈愧〉であるといってよろしいかと思います。善なる方向を目指そうとするとき、たしかに、私たちは、深く自らの日常を反省し、そして、真実の教えを尊ばなければなりません。しかし、同時に、世間の力、つまり多くの人々の目を意識するということも不可欠な要素なのです。社会の中に生きる〈私〉が、社会というものによっても浄化されていく――。それは、ある意味で、当然なことにちがいありませんが、とても尊いことであろうと思います。

つぎに、〈無貪《むとん》〉〈無瞋《むしん》〉〈無癡《むち》〉の三つは、むさぼらず・いからず・まよいのない心です。もちろん、すでに一瞥した〈貪〉〈瞋〉〈無明（癡）〉の三毒煩悩に対するもので、それをよく押え込んでいく心的作用です。これを、「三善根《さんぜんごん》」といいます。これら三つが、あらゆる善を生み出す根本だということであります。根によって、植物が大きく成長していくように、私たちも〈無貪〉〈無瞋〉〈無癡〉の心を持ち続けることによって、大きく仏の世界へと導かれていく――。それが、三善根の意味であります。

〈無癡《むち》〉とは、すべてのものごとが諸行無常・諸法無我などの真理に即して生滅し、存在するものであることを、明らかに了解することであります。もちろん、現実の私たちは、それら無常や無我の考え方というものを、完全にマスターしているわけではありません。

——しかし、そうしたものを、どこまでも正しい考え方であり真理であると確認し、自己の生活の基本をそうした考え方にゆだねようと努力していくならば、愛着をおぼえる対象をむさぼりとろうとする気持を押えることができ、また、気にそわぬ事へのいらだちや憎悪の気持をよく制止することができるのです。これが〈無貪〉という心のはたらきであり、〈無瞋〉の心所であります。

つぎに、〈軽安《きょうあん》〉とは、心を惑乱させる煩悩をはなれ、身心を軽快な状態にする心理作用です。《随煩悩》の〈惛沈《こんじん》〉の心所を押えるはたらきがあります。これは、他の《善》の心所とは異なり、禅定（深い瞑想）の中だけに見られる心所と考えられています。したがって、ふつうの生活では、少し縁遠い心理作用ないし心理状態です。

つぎに、〈不放逸《ふほういつ》〉〈行捨《ぎょうしゃ》〉〈不害《ふがい》〉の三つは、心所というものの、私たちが善なることを行なうにさいしてとるべき態度と考えていいものであります。

〈不放逸《ふほういつ》〉は、善悪のけじめをびしりとつけ、一切の善を実行しようと、なまけないで精励することです。何事でもそうですが、放逸であれば、仏の世界への手がかりもいつまでたっても整いません。

ところで、善を実践するに精励であることは、まことに好ましく、また、たのもしいことに違いありません。ただ、それが過ぎてうわずったものになってしまっては、それは、もはや《随煩悩》の〈掉挙《じょうこ》〉の心所であって、元も子もないのです。善を行なうに平静たれ――、というわけです。それが、〈行捨《ぎょうしゃ》〉です。難しいことですが、私たちの目標は、サラリと善を行じ切ることなのです。

この〈不放逸〉と〈行捨〉とは、〈精進〉と三善根の心理作用の一部をとくに取り上げたものです。

それに対し、〈不害〉は、〈無瞋〉の心理作用の一部で、たとえ気にそわぬ人も、これを憎悪の対象とせず、むしろ、そのかかえているであろうところの悩みをあわれんでいこうとする心理作用であります。

以上、《善》の心所の特徴を、ごく簡単に書き出してみました。唯識仏教では、善なる心が生起するとき、〈軽安〉をのぞく十心所が、かならず同時にはたらくといわれていますそれは、これらの善の心理作用が一連のものだということなのですが、いずれにしても、第六意識上でこうした《善》の心理作用がはたらくとき、私たちは、潜在的な自己執着心に強く影響されながらも、確実に仏の世界というものをうかがおうとしているのです。

まとめ――問題は、これからどうするか、だ。

第六意識は、〈広縁の識〉ともいわれるように、現在のみならず過去や未来にわたるものごとを、その認識対象とすることができ、しかもその上、善にも煩悩にも作用し得る心であることを、私たちは、ごく大雑把ながら学んできました。それをまとめてみるならば、第六意識とは、さまざまなものごとをさまざまに判断することができる心であるということであります。

さまざまに判断することができるといっても、もちろん、第六意識は表層の心であって、その心理作用は、深層心の第八阿頼耶識や第七末那識の強い影響下にあります。ですから、過去の行為や行動、あるいは自己へのきびしい執着ということを抜きにして、現在の如実な〈私〉というものを語ることなどできないわけです。しかし、それでも、私たちは、「こんなことをしていてはダメだ」と、自分にいい聞かせて、こんにちただいまから、昨日までとはちがった自己のスガタというものを創造していくことも、確かにできるのです。〈放逸〉を〈不放逸〉にし、〈懈怠〉を〈精進〉にする――、そうした生活の改造が可能なのは、私たちの生存の基盤（阿頼耶識）が、善でもなく悪でもない「無記」の性質であるからであります。だからこそ、現在の自己が過去の行為ないし経験ということの上に成り立っているにもかかわらず、過去は過去として、それとは異質な未来を、私たちは創り上げることができるのです。

そのことを逆にいうならば、今までいかに素晴らしく《善》の心所を発動させ、仏の世界を親しいものとして探求していたとしても、安心できないのだということであります。このように、第六意識が、善にも煩悩にも作用するということは、そうした相反する心理作用が、私たちのなかに同時にそなわっているということに他なりません。したがって、私たちは、誰もが善悪どちらの方向にも行く可能性をもつものとして、今ここに存在しているといえます。端的にいえば、私たちの日常生活は、善と煩悩との綱引きのなかに営まれるものであるということです。安心などできたものではないのです。第六意識の上では、どうかすると、一瞬のうちに善と煩悩・随煩悩とが入れ替わってしまうのです。

私たちは、そうした微妙なところを踏み台として、仏の世界というものをうかがおうとしているわけなのですが、そこで必要なのが、やはり、人生の目標ということであろうと思います。――『菜根譚』には、次のような短文が収録されています。

心体光明なれば、暗室の中《うち》にも青天あり。念頭暗昧《あんまい》なれば、白日の下《もと》にも厲鬼《れいき》を生ず。

念のため、今井宇三郎氏の訳文をみると、「心体が光り輝いていると、暗いへやの中でも青空は望み見られる。気持が俗念にくらまされていると、白昼のもとでも幽鬼にとりつかれる」とあります。暗室とは、いろいろな意味に解釈できるコトバですが、ここでは、社会に正当に評価されなかったり、受け入れられないでいることと考えてみたいと思います。――そうした時、心の性質が光明であるならば、その人は決して悲嘆にくれるようなことはなく、のびのびしていることであろう、というのです。心体光明とは、要するに、私たちが人生の確固とした目的をもっているかどうかによってきまることではないかと思います。無目的な人は、どこかどろんとしていて、光り輝かないのです。明確な目標ないし目的をもって日常生活を送る――。そこに、《善》の心所が立ち上がっていく環境というものが、おのずから大きく開けていくのであろうと思われます。

いずれにしても、人間は、自己を如実に反省すること・心のやすらぎを希求して放逸ならざること・むさぼらぬことなどの持続こそ求められているものであります。そして、そうした日常生活を着実に営んでいくことが、時間はかかるけれども確実に私たちを仏の世界へと押し上げていくのだと、唯識仏教は述べています。

第八章

五感の作用

前五識の認識

八識心王のなか、眼識・耳識・鼻識・舌識・身識・意識の六識は、〈了別境識《りょうべつきょうしき》〉と総称されています。それは、これら六識が、阿頼耶識や末那識に比べて、境（認識の対象）をよく了知・分別するはたらきがあるからです。そして、これら六識の、ものごとを知り分けるというはたらきの中に、認識対象を能変していく作用があると考えられています。これが、第三能変です。本章では、そのなか、眼識ないし身識の五識を一瞥します。これら五識の特徴のいくつかは、前章までに必要に応じて散説してきましたので、それらを復習しながら、その特徴を簡単にまとめてみたいと思います。

眼識・耳識・鼻識・舌識・身識は、それぞれ視覚・聴覚・嗅覚・味覚・触覚に該当します。これらは、〈広縁の識〉といわれる第六意識に比べると、その心的作用はきわめて単純です。そこで、ふつう、これらを一まとめにして〈前五識《ぜんごしき》〉と呼ぶことになっています。前五識というコトバは、したがって、ひろく私たちの感覚作用一般を指すものといえます。

眼識・耳識・鼻識・舌識・身識の前五識は、色境《しききょう》・声境《しょうきょう》・香境《こうきょう》・味境《みきょう》・触境《そくきょう》というそれぞれに対応する五つの境を感覚的に認識するものです。すなわち、眼識は、ものの色・

カタチや状態（色境）を見、耳識はさまざまな音（声境）を聞き、鼻識は香りや臭い（香境）を嗅ぎ分けます。そして、舌識は口にいれたもの（味境）をにがい・甘いと味わい取り、身識は皮膚にふれたもの（触境）を冷たいとか暖かいとか識別するのです。このように、眼識ないし身識は、それぞれ限定された対象しか認識しません。

さて、これら前五識の特徴の第一は、なんといっても、そのそれぞれの対象をただそのままに知るだけであるということです。そこには、「これは花である」とか「この雄大な風景は……」というような、コトバによるはっきりとした理解はありません。その花の色と形状と香りとを、ただそのままに誤りなく直観しているだけなのです。このような認識を、〈現量《げんりょう》〉といいます。

ちなみに、ものごとを認識するについて、①現量《げんりょう》②比量《ひりょう》③非量《ひいりょう》の三つの方法（三量）があります。①現量は、すでに述べたように、そのものをただそのままに誤りなく直観すること、②比量は、ものごとを推理したり比較したりしながら知り分けること、そして③非量は、まちがって行なわれる現量と比量のことです。こうした三量と八識との関係は、前五識と第八阿頼耶識とはただ現量であり、第七末那識はいうまでもなく非量です。これに対して、第六意識は、ものごとをさまざまに推測したり比較検討しながら認識を深めるのがふつうで、もちろん、それがまちがって行なわれることもしばしばです。そして、やはり、直観的な認識作用も見受けられますから、第六意識は、現量・比量・非量のすべてに通じるのです。これによっても、第六意識の幅広い心作用に比べて、前五識の単純さがわかります。なお、比量と非量とは、発音上どうしても混同します。そこで、非量のほうを、古来、「ヒイリョウ」ということになっています。

前五識の第二の特徴は、ただ現在を認識するだけだということであります。つまり、常にその場かぎりのものなのです。前五識は、第六意識のように、過去を回想したり、あるいは、そのものの未来をあれこれと思いめぐらすことができません。今この時点で目の前にある対象を直観することしかできないのです。そうして、眼を閉じたならば、その瞬間に眼識のはたらきは停止してしまいます。前五識のはたらきには、このように間断があるのです。これも、前五識の特徴の一つであります。

ところで、前五識は、感覚的認識ですから、その、ものを知り分けるはたらきは、当然、感覚器官を介して行なわれます。この感覚器官のことを、〈根《こん》〉といいます。――眼識・耳識・鼻識・舌識・身識の五識は、それぞれ眼根・耳根・鼻根・舌根・身根の五根をよりどころとして、色境・声境・香境・味境・触境の五境を直観するわけです。感覚器官を、〈根〉というのは、植物が根によって成長するように、たとえば、眼根によって眼識がよく色境に対して認識作用を起こすからであります。

この〈根〉は、①扶塵根《ふじんこん》②勝義根《しょうぎこん》の二つに分けることができると考えられています。①扶塵根は、感覚器官のことで、いわゆる眼・耳・鼻・舌・皮膚に相当します。一方、②勝義根とは、そうした感覚器官にそなわっている感覚機能のことです。

こうした〈根〉、とりわけ勝義根は、本来的に〈私〉に与えられた一つの能力でありま す。たとえば、鼻識ですが、犬は私たち人間の約六千倍もの嗅覚をもっているといわれます。ですから、犬が主人と同時に同じ道を歩いても、こと鼻識に関しては、犬は人間とは比べものにならないくらい広い世界を相手にしているといえます。それに対して、私たちの嗅覚の能力そのものが、香境それ自体を著しく限定しているわけです。このように、前五識は、そのものをただそのままに認識するのですけれども、その現量には、おのずから生物学的な条件の制約というものがあることがわかります。

私たちは、もとより、人間という生物学的条件の制約を受けるものであります。私たちは、どんなにがんばってみたところで、肉眼では紫外線や赤外線を確かめることができません。しかし、それらは、私たちのまわりに厳然としてあるものなのです。眼という感覚器官（眼根）をよりどころとしてはたらく眼識という心が色を限定し、その限定された範囲のなかで、私たちは、色境を直観的に認識しているにすぎないのです。そしてまた、同じ人間でも、ひじょうに微妙な音階を聞き分ける能力をもっている人とそうでない人とでは、感覚機能の個体的条件がちがいますから、聴いている音楽がたとえ同じ曲であっても、その声境は同一でありません。前五識は、そのよりどころとする五根の生物学的ないし個体的条件によって、まず五境を能変しているのです。

前五識と第六意識

前項では、前五識のいくつかの特徴を簡単にまとめてみました。しかし、そのもっとも大きな特徴といえば、それは、前五識がかならず第六意識とともに起こり、決して単独には起こらないということであろうと思います。

前五識は、すでにしばしば述べたように、感覚的認識にすぎないものであります。ですから、そこには、どうしても第六意識の力が必要であって、意識が作用しなければ、私たちは、ものごとを明瞭に把握することができません。

このことの意味を前五識に即して考えてみるならば、前五識とは、第六意識の強い影響を直接受けるものであるということに他なりません。いま仮に、眼識だけを切り取ってそのはたらきの特徴を述べるならば、それは、目の前にくり広げられる光景をただそのままに見るということにつきます。それ以上のことは、ありません。しかし、現実の私たちの見るという行動は、もちろん、そんな単純なものではありません。そこにかならず、第六意識が直接関わってくるのです。そして、第六意識のはたらきに影響された眼識もまた、その見る対象を能動的に変えていくのだと考えられています。

――拓本というのがあります。これは、たとえば、古瓦などの上に和紙をおき、その上から濡れたタオルで押えて紙を瓦に密着させ、すこし乾いたところで、墨を軽くつけたタンポで打って、その文様を和紙に写し取る技法です。これは、なかなか味のあるもので、一度おぼえると面白くて、大抵の人はやみつきになります。そして、はじめのうちは、凹凸のあるものなら何でも拓本したくなります。そうなると、見えてくるものが変わってきます。拓本の素材が向こうから目に飛び込んでくるといった感じで、急に目につくようになります。それらは、拓本を習うまでにも、おそらく見ていたものなのでしょうが、眼識の能変性によって、今まで視野の背景に押しやられていて、気づかなかったのです。それが、ふたたび眼識の能変性によって、前面に押し出されてきた結果、急に目につくようになったわけなのです。このように、感覚作用の前五識もまた、その対象である色・声・香・味・触の五境を能動的に変えるはたらきがあるのです。

ところで、前五識は感覚ですから、その性質には、元来、善悪の区別がないはずです。しかし、第六意識と同時にはたらくために、その時々の意識の性質にひかれて、前五識も善になったり悪になったり、あるいは無記であったりするのだと考えられています。――私たちが、第六意識のレベルで、〈貪〉の心作用をたくましくする時、前五識のはたらきもまた、それに強く影響されて同じ性質になるのです。たとえば、物欲しそうな目などといいますが、それは、第六意識のそうした気持に強く影響されて、眼識およびそのよりどころである眼根が、それと同等の性質を帯びるからなのでありましょう。

こうした前五識の心理作用としては、《遍行》の五心所、《別境》の五心所、《善》の十一心所、《煩悩》の〈貪〉〈瞋〉〈無明（癡）〉の三心所、《随煩悩》の〈無慚〉〈無愧〉〈掉挙〉〈惛沈〉〈不信〉〈懈怠〉〈放逸〉〈失念〉〈散乱〉〈不正知〉の十心所の、都合三十四心所があると考えられています。

第九章

私はだれか

成仏ということ

私たちは、前章までに、心の構造およびそのはたらきということについて、わずかながらみてきました。心の三つの領域で行なわれる能変など、八識心王のさまざまなはたらきによって、ことの善し悪しは別として、私たちは、それなりに日常生活を営みつづけているわけであります。

ここで、もう一度、それらの要点をごく大まかにふり返ってみますと、まず、私たちの行為の印象気分というものをすべてにわたって蓄積する阿頼耶識《あらやしき》が、人をみる眼、ものをみる眼に大きく関与しているということであります。過去の自分の生きざまが、現在に影響し、何をするにも、おのずからにじみ出てくる——。それが、深層心の第八阿頼耶識です。つぎに、この阿頼耶識は、〈無始以来の熏習《くんじゅう》〉を重ねて、過去から現在に連綿と一類に相続されてきたものであります。私たちは、そうした阿頼耶識のなかに、確固不変な自己のスガタというものを感じ取り、そしてそれに強く執着して、どこまでも自己中心的に動こうとします。この心的作用が、第七末那識《まなしき》です。この末那識の具体的な心的作用として、唯識仏教は、〈貪《とん》〉〈慢《まん》〉〈無明《むみょう》〉〈不正見《ふしょうけん》〉の四つの《煩悩》が、心底で常にはたらいている、と考えています。

このようにみてくると、私たちは、自分の過去の行動や経験したこと、および自己への執着とそこから導き出される利己性という、二つの潜在的な要素に強く影響されながら、現在を生きるものであることが、よくわかります。――しかし、それはそれとして、私たちは、手のとどく第六意識において、こんにちただいまから《善》の心所を心がけ、そして、仏の教えに目覚め、親しんでいくことができるのだということもまた、指摘されています。それは、もちろん、私たちの生存の心理的基盤である阿頼耶識が、〈異熟識《いじゅくしき》〉であるという特徴によることであります。

さて、私たちが、仏の教えにほんのわずかでも親しみを覚えることができたならば、その視野のはるか彼方に、一つの人生の目標というべきもののあることが、しだいに明白に意識されてくるようになります。宗教への参入とは、そういうものなのですが、その目標とは、もちろん、仏の世界ということに他なりません。すなわち、いつの日にか〈私〉が仏の世界に至ること――言い換えるならば、いつの日にか、この〈私〉のなかに仏国土を実現していくということであります。

このように、仏の世界を見すえ、そのことを一つの大きなあかりとして日々の生活を営むところに、仏教的人生の歩みというものがみられるのであろうと思います。そして、ついに仏の世界に至ることが、まさに「成仏」という仏教語によって示されているわけであります。

したがって、成仏とは、実にすばらしいコトバなのですが、ある意味で、これほど手垢のついた仏教語もちょっと珍しいのではないかと思います。一般的にいって、粗雑な意味ばかりが付着していて、成仏というコトバには、暗いイメージしかありません。しかし、私たちが、自己の心の構造やそのメカニズム、あるいはそのさまざまな心理作用を如実に知り、そして、自己を熱悩させる心所を押えようと努力し、かつ《善》の心所をきわだたせていくならば、その延長線上の彼方に、いずれは仏の世界というものが大きく形成されていく——。そうした仏の世界の完成ということをとらえたコトバが、まさに「成仏」なのです。

——ただ、ようやくにして、仏の世界こそわが最終の目標であると見定めてはみたものの、ふと、私たちの心をよぎることがとりあえず一つあります。それは、端的にいって、この〈私〉がはたして成仏することができるかどうか、ということであります。仏陀の教えのすばらしさに感動をおぼえつつも、はたして、この〈私〉の上に仏国土なるものを実現することができるのだろうか——。これは、私たちにとって、ひじょうに気になることなのです。本章では、こうした点についてみておきたいと思います。

一切衆生悉有仏性と五姓各別

数の多いことを、ふつう、「浜の真砂」などといいます。四方、海に囲まれた日本ならではの言い方ですが、仏教では、それを「恒河沙数《ごうがしゃすう》」といいます。恒河とは、インド三大河の一つ・ガンジス河のことで、恒河沙数とは、その恒河の砂ほどの数という意味であります。釈尊は、このガンジス河の中流域を主な活動範囲とされていましたので、いかにもインドに由来する仏教らしい表現といえます。その仏教のことを、また、「八万四千《はちまんしせん》の法門《ほうもん》」ということがあります。この八万四千というコトバも、数の多いことを表わすものですが、それは単に、教えの数が多いというだけではなく、内容的にも多岐にわたるものであることを意味しています。したがって、同じ仏教でありながら、いわゆる宗派によって、こうも考え方が違うのかとあきれてしまうことも、しばしばあるのです。

しかし、仏教のどのような教義も、私たちの生存そのものを〈苦〉と理解して説きはじめることに、いささかの相違もありません。そしてまた、その苦からの離脱ということ、あるいは、生存におけるさまざまな苦をいかに克服していくかということを中心テーマにしていることも、同様であります。こうしてみると、仏教の骨子というものは、まさに、インド・ベナレスの鹿野苑における釈尊の最初の説法〈四諦《したい》・八正道《はっしょうどう》〉のなかに定まっていることが、よくわかります。

この四諦・八正道については、第五章において、簡単ながら取り上げたことでした。したがって、ここに再説しませんが、この四諦説を要点とする仏陀の教えは、端的にいって、苦痛ないし楽痛にあえぐ私たちを、心のやすらぎに至らしめるものであります。清浄で心やすらいだ仏の世界に憧れる私たちは、仏によって示されたさまざまな教えを大きなあかりとして、清浄安楽な世界へたどりつくことをひたすら希求するのです。

ところで、今まで、何の気なしに「私たち」などといってきました。しかし、仏教は、単に私たち人間だけを相手にするものではありません。その広い教化の対象を表わすコトバが、「衆生《しゅじょう》」または「有情《うじょう》」という仏教語であります。衆生、あるいは有情とは、生きとし生けるものという意味です。仏教は、このように、この世のあらゆる生命あるものたちを視野のなかに収めながら、その教義を説くという、まことに幅広い宗教なのです。したがって、その衆生観も、もとより一定ではありません。

そのなか、すべての衆生は、その根底に等しく仏陀に直結する尊い性質を持っているものであるという考え方があります。

この考え方を、「一切衆生悉有仏性《いっさいしゅじょうしつうぶっしょう》」、あるいは「一切衆生悉皆成仏《いっさいしゅじょうしっかいじょうぶつ》」といいます。一切衆生悉有仏性は、『涅槃経《ねはんぎょう》』にみられる語句で、すべての衆生は、悉く仏性を有しているという意味であります。そこに語られる「仏性《ぶっしょう》」とは、仏になる可能性のことです。また、一切衆生悉皆成仏とは、すべての生命あるものは、一様に等しく仏になれるということで、かれこれ、こうした考え方を説く教えを、一乗仏教と呼びます。一乗の考え方は、仏教のなかではむしろ一般的なもので、大乗仏教にほぼ共通する教説となっています。この一切衆生悉有仏性ないし悉皆成仏の説は、その内容からみて、きわめて理想主義的な立場に立った考え方であるとみることができると思います。

——誰もが仏になる可能性を持つものであり、さらには、誰もがいずれはかならず仏になるのだという考え方は、私たちが、仏の世界というものにいささか興味を覚え、その教えに親しもうとする時、あるいは、まさに志を立てて仏道を歩もうとする時等々、いずれの場合にも、これほど励ましとなる教えは他にありません。——私たちは、このまことに尊い理想に強く励まされて、いよいよ自己の仏道を一層深く、高く、そして大きく行ぜずにはおれない気持になります。

ところで、唯識仏教は、こうした問題について、他の大乗仏教とはかなり違った立場をとっています。その立場とは、きわめて現実的なものであります。悉有仏性ないし悉皆成仏の説は、理としてはあくまで正しく、また、たしかに誰もが期待してやまない理想にはちがいありません。しかし、現実には、そうしたことはあり得ないのではないか、というのが唯識の考え方であります。端的にいって、唯識仏教は、一切衆生の中には成仏することのできない一類もあるのだ、と指摘するのです。

私たちは、こうした考え方に、率直にいって、大きな驚きを覚えずにはおれません。なぜならば、仏教とは、なにはともあれ、私たち衆生を仏の世界へと誘うべき、あるいは至らしめるべきものだからです。それを、唯識仏教は、こともあろうに成仏できないものもあると説きますので、古来、この点に関して、一乗仏教との間で一再ならず論争が行なわれました。そのことは、あとにふれるとして、しばらく、その特異な考え方をみてみることにしたいと思います。

――衆生、あるいは有情を広く見わたしてみると、そこには、スガタ・カタチはもとより、内面的にもさまざまな能力のちがい・資質のちがいというものが認められます。ここで、仏教的生活というものを大まかに定義するならば、それは、他人への暖かい想いをからませながら、自ら心のやすらぎにむかって断悪修善《だんなくしゅぜん》の生活を持続的に行なうことであろうと思います。こうした断悪修善ということに対する資質というべきものも、一切の衆生に均等に与えられているとは、とてもいえません。このような差異が歴然とある以上、いのちあるものが、すべて一様に等しく仏になれるというものではなく、その到達できる境地も、また、おのずから各別なものであることが考えられます。唯識仏教では、こうした各別な心のやすらぎについて、三種の別があると考えています。そして、その三種の心のやすらぎを説く教えが、声聞乗《しょうもんじょう》・独覚乗《どっかくじょう》・菩薩乗《ぼさつじょう》の三乗であります。悉皆成仏を主張する一乗仏教に対して、唯識仏教が、三乗仏教といわれるゆえんです。

ところで、唯識説は、この三乗をめぐって、一切の有情をその種姓《しゅしょう》（もって生まれた性質）によって、①声聞定姓《しょうもんじょうしょう》②独覚定姓《どっかくじょうしょう》③菩薩定姓《ぼさつじょうしょう》④不定種姓《ふじょうしゅしょう》⑤無姓有情《むしょうじょう》の五つに分類しています。これを、大乗仏教にほぼ共通する一姓皆成仏の説に対して、〈五姓各別《ごしょうかくべつ》〉の説といいます。

このなか、③菩薩定姓は、煩悩障《ぼんのうしょう》と所知障《しょちしょう》とを取り除き、仏陀の体得されたと同等の心のやすらぎに至ることができる資質をもっているものであります。——いままで、「心のやすらぎ」などとたいへん大雑把な言い方をしてきましたが、少し詳しく述べると、これには、〈涅槃《ねはん》〉と〈菩提《ぼだい》〉との二つの側面があるのです。この涅槃・菩提が、いわゆる仏の覚（さとり）の内容だといわれています。涅槃とは、身心の静かな境地であり、菩提とは、真実の智慧を意味しています。

私たちは、自己を確固不変なものとして、これに強く執着した生活をしています。この自己に執着することを、〈我執《がしゅう》〉といいます。しかし、私たちの執着は、それればかりではありません。見・聞きするものや考えていることをも、一つの確固とした実体として執着していると考えられています。これを、〈法執《ほっしゅう》〉というのです。このなか、我執は、自己を真摯にふり返ることによって、「ああ、すごく自分にこだわっているな――」と、思いあたる時もあるのですが、法執のほうは、なかなかそのような自覚がともないません。私たちは、さまざまな要素が一定の条件のもとで仮和合しているにすぎない諸法（ものごと）を、不変で実体的なものとして捉えながら、それらを過去の経験という枠組みと自分の都合によって、見・聞きしたり考えたりしています。そして、しかも、そうした見聞や思考の内容をほぼ正しいものとしていますから、法執は、我執より始末が悪いのです。気がつかないことは、直しようがないのです。こうした法執から出てくるのが所知障で、一方、我執から導かれるのが煩悩障であります。そして、その煩悩障を取り除いたところにあらわれるのが涅槃であり、所知障を断ち切って得られるのが菩提なのです。

菩薩定姓は、このように、煩悩・所知という二つの障害を乗り越えるだけの資質を本来的にそなえている人であります。したがって、そうした資質というものを開発していくならば、いずれは仏になれるのです。

それに対して、①声聞定姓と②独覚定姓とは、どちらも、私たちの身心を熱悩《ねつのう》させる煩悩障だけを断ち切ることができる資質をそなえているものであります。ただ、これらのちがいは、①声聞定姓が、かならず仏や高徳の師、あるいは先輩や友だちといった人々の教誨を受けて、ようやく仏教的人生を歩むことができるのに対して、②独覚定姓は、そのような師や友人などの外縁の力を借りずに、独力で煩悩という障害を乗り越える素質をそなえた人なのです。

これらの部類の人は、努力するならば、我執というものを完全に断ち切ることができるといわれています。したがって、たしかに、一定の心のやすらぎを実現することができるのですが、そのやすらぎは、円満な仏の覚とは異質なものであることは、いうまでもありません。

つぎに、④不定種姓は、以上の声聞・独覚・菩薩のうち、二種以上の資質を兼ねそなえ、そのいずれの方向に進むか決定していない部類のことであります。この不定種姓には、(一)声聞と菩薩の二姓不定、(二)独覚と菩薩の二姓不定、(三)声聞と独覚と菩薩の三姓不定、(四)声聞と独覚の二姓不定の、都合、四種があると考えられています。このなか、(一)(二)(三)の三種が、煩悩障・所知障という二つの障害を乗り越える菩薩としての資質を兼ねそなえていますので、仏と同等の境地に進む可能性をもつものとされています。

さて、⑤無姓有情とは、所知障はもちろんのこと、煩悩障さえも断ち切る資質がなく、永遠に円満な心のやすらぎを実現することができない部類です。我執と法執の生活に明けくれして、そこから一歩も出ることができないもの、それが、無姓有情であります。ただ、いろいろな縁をいただいて、わずかな仏教的な知識によって、放逸にながれようとする日常生活を、多少なりとも制御しうるにとどまります。

ところで、こうした部類分けは、種姓、つまり、もって生まれた性質によってなされるものです。したがって、それは、要するに〈本有種子《ほんぬしゅうじ》〉にかかわるものであることがわかります（第五章【ものごとの生起】本有種子と新熏種子の項参照）。煩悩障や所知障を乗り越える素質は、心のやすらぎを志向するという汚れのない性質のものですから、こうした資質を〈本有の無漏《むろ》種子〉といいます。「漏」が、煩悩や迷いを意味することは、すでに述べた通りです。

このように、五姓各別の説は、第八阿頼耶識という私たちの生存の根底に、声聞や独覚、あるいは菩薩の無漏種子が本来的にそなわっているかどうかということによって、その実現できる心のやすらぎの内容がちがうのだと主張するのです。そうして、しかも、生きとし生けるものの中には、いかなる心のやすらぎにも到達できない部類もあることを指摘するものであります。

こうした五姓各別の説で驚くべきことは、なんといっても、無姓有情の存在が明確に指摘されていることであろうと思います。もちろん、唯識仏教が、意図的に冷たく衆生を仕分けしようとしているのではありません。ただ、すべての生命あるものに対して、現実的な考察を試みるならば、はなはだ残念なことですが、そのなかにはながく迷界に沈倫《ちんりん》して円満な心のやすらぎを実現し得ない無姓有情のあることも、指摘せざるを得ないというのです。

こうした唯識の考え方は、悉皆成仏を主張する一乗仏教の見解からすれば、大乗の教えにはちがいないが、その権教《ごんきょう》であると位置づけされます。「権」とは、劣ったという意味です。しかし、後に述べるように、このことは、単に権大乗といってかたづけられない問題を含んでいます。そこで、古来、しばしば議論の的になってきました。一例として、応《おう》和《わ》の宗論《しゅうろん》を取り上げます。

――それは、応和三年（九六三）、一乗仏教の天台宗の良源《りょうげん》と法相宗興福寺の仲算《ちゅうざん》とが、『法華経』の第二章〈方便品〉に出る「若有聞法者　無一不成仏」の経句の解釈をめぐって論争したというものです。

この経句は、『梁塵秘抄』にも、

法華経八巻《やまき》が其《そ》のなかに、方便品こそたのまるれ、若有聞法者、無一不成仏と説《と》いたれば。

と、歌われているように有名なもので、一姓皆成仏《いっしょうかいじょうぶつ》を説く『法華経』として重要なものなのです。良源は、これを論争の切札として取り上げ、『法華経』に「もし法を聞く者あらば、一として成仏せざること無し」とあるから、無姓有情の一類をたてる唯識仏教の見解は、おかしいではないかと、せまったのです。――しかし、それに対して、興福寺仲算はその経句は、むしろ「もし法を聞く者ありとも、無の一は成仏せず」と読むのだといって、良源に応じたと伝えられています。

この読み下しは、公平にみてちょっと具合が悪いのですが、しかし、ことほどさように、中国仏教以来、一姓皆成仏と五姓各別《ごしょうかくべつ》とは、そのどちらが仏陀の真意にかなっているかということについて、しばしば論争されてきました。なお、この応和宗論は、その後日譚によれば、双方とも勝利宣言をしているようですから、この問題における考え方の相違は、たいへんきびしいことがわかります。

もっとも、こうした一姓皆成仏と五姓各別という考え方の相違は、理を重視する立場と現実を重視する立場の相違に由来することなのです。したがって、双方が自己の立場に固執するかぎり、その主張は平行線をたどるばかりで、論争に決着がつく見込みはありません。——ただ、仏教的生活を試みようとする私たちとしては、そのどちらの立場をとるにせよ、異なる考え方というものを充分にわきまえる必要があろうと思います。そうでないならば、その仏道の実際の歩みは、はっきりいって覚束ないのです。

無姓有情

すでに述べたように、大乗仏教にほぼ共通するのは、すべての生命あるものは悉く仏性をもつという一切衆生悉有仏性、すなわち、一姓皆成仏の説です。この考え方は、私たちが、仏教というものに興味を覚えたとき、あるいは明白に仏の世界を志向するとき、まぎれもなく大きな励ましの声となって、私たちを鼓舞せずにはおかないものであります。私たちは、「一切衆生悉有仏性」、あるいは「一切衆生悉皆成仏」のコトバに強く励まされて、ますますその仏教に対する興味をかきたて、仏の世界への志向をいよいよ強固なものにしていこうとします。もちろん、こうした一切衆生悉皆成仏は、私たちが願求《がんぐ》すべき理想を大きく示すものであり、そして、他の人々への共感のいしずえを提供してくれるものであろうと思います。

しかし、私たちが今まで学んできた唯識仏教では、すべてのものが仏と等しい心のやすらぎを実現するなどということはあり得ず、しかも、いかなる心のやすらぎにも至ることができない〈無姓有情《むしょうじょう》〉もあるのだと指摘する五姓各別を説きます。まったく、特異な教説という他ありません。しかし、まちがってはならないのは、この五姓各別の考え方というものは、本来、仏道において他者をはかる尺度でも冷たく部類分けしたりするものでもないということであります。つまり、五姓各別説は、つねに、この自分はどうなのかという自己凝視とのかかわりにおいてこそ、取り上げられるべきものなのです。このことは、五姓各別、とりわけ無姓有情について考える場合、忘れてはならない大事なポイントであろうと思います。

ところで、仏教的生活、あるいは信仰生活ということについて、これまでにも折にふれて、しばしば短文定義を試みたことでした。もとより、それらは、不調法なものでしかありませんでしたが、ここでいま一度、仏教生活の実際面について考えてみると、それはおよそ、つぎの二点に要約することができるのではないかと思います。

第一は、なんといっても、仏の教えにもとづいて、自己を凝視すること・自己の過去をふり返ることです。自己の行動または経験というものをふり返るといっても、それがなんらかの一定の考え方によるのでなければ、単に思い出にふけることにすぎませんし、また、思い出して不快な気分になるだけです。そうではなしに、さまざまな経典のなかで語られる仏のコトバに即して、自らの行動をふり返り、自己を凝視する——。そのとき、はじめて、仏教的な反省というものがみられるわけです。そして、第二は、そうした真摯な反省にもとづきながら、同時に、今この時点から、わが生活をどのように営むべきかを模索することであろうと思います。

これらの点について、唯識仏教の指摘する無姓有情について考えてみたいと思いますが、まず、第一の点であります。

一姓皆成仏とは、すでに述べたように、すべての生命あるものが、かならず仏と等しい心のやすらぎを実現することができるのだという考え方です。私たちは、この教説を聞いて、自分もまた成仏する身であることを知るのですが、そのときの気持は、まさに歓喜以外の何ものでもありません。私たちは、そうした気持に強くうながされて、ほとんど自然に、仏の世界とはかくもあろうかと想像しながら、仏の世界への興味を増幅させ、また、仏の世界への純白な気持をいよいよつのらせるのです。

さて、このように、一姓皆成仏の考え方に魅せられ、あるいは励まされる私たちなのですが、一方、自己凝視をかさね、自己の来し方を真摯にふり返ってみるならば、どうでしょうか——。

自己凝視とは、いうまでもなく、如実に自己をみつめることであります。こういってしまえば簡単なことのようですが、自己をみつめるとは、自分の心というカタチのないものをみつめるのですから、何らかの手だてというものがなければ、そのみつめるという作業も一向に進展しません。そこに、やはり、〈心の構造〉の図式と〈さまざまな心理作用〉に関するリストともいうべきものが、どうしても必要なのです。

この点、唯識仏教は、私たちの心について、きわめて詳細な考察を行ないました。その結果、表層心の前五識や第六意識が、深層心の第八阿頼耶識や第七末那識の強い影響を受ける八識の構造をもつことをあきらかにし、また、五十一にわたる心理作用を、《遍行《へんぎょう》》《別境《べっきょう》》《善《ぜん》》《煩悩《ぼんのう》》《随煩悩《ずいぼんのう》》《不定《ふじょう》》という六つのグループに分類・解説する精密なリストをつくり上げたことは、すでに一瞥した通りです。

唯識仏教が提示するこれら八識心王・三能変・五十一心所などの考え方、とりわけ、具体的な心理作用を示す《善》《煩悩》《随煩悩》のリストをたえず携え、それに、日常生活における自己の一連の行動を照らしていくならば、それを契機として、私たちは、如実な自己というものをみつめることができるであろうと思います。

しかし、それにしても、そうした自己凝視によって、次々にあきらかにされるのは、およそけしからぬところばかりであって、そうした自己のスガタというものに愕然とする私たちではないでしょうか。そして、あの歓喜の気持も色褪せて、しだいに沈痛なものへと傾斜していかざるを得ません。

仏教的生活の第二のポイントは、仏教的反省に立ちながら、これからの日常生活をどのように展開させていくかを模索することでした。

仏教は、よく八万四千の法門といわれるように、その教えの数が多く、また、内容的にも多岐にわたっています。しかし、実践項目としては、六波羅蜜（布施・持戒・忍辱・精進・禅定・智慧）や、四摂法（布施・愛語・利行・同事）に集約されるものであると考えて、ほぼまちがいありません。――釈尊は、それらの項目を、完ぺきに実践しつくした人なのです。

しかし、六波羅蜜のどの項目をとってみても、その内容は、実に茫漠と広がるものをもっています。たとえば、布施は、先にもふれたように、三輪清浄ということにおいて、はじめて完成されたものになります。つまり、サラリと施し切ってこそ、布施という名にふさわしい行為であるわけです。しかし、私たちは、持っている物・知っている事をまわりの人々に与えながら、その与えたことにこだわって、いよいよ自己への執着を増幅させています。日常生活というものは、与えられたり与えたりする中に成立しているものであり、私たちの場合、その生活維持のために与え、施すのですが、それが自己への執着を促進する大きな要素になっているのです。自己に執着し、生に執着している私たちにとって、三輪清浄の布施は、正直いって、あまりにも大きく、深く、そして高いことがらなのです。乞われたならば、自己の生存そのものをも差し上げてしまう布施――。こうしたことがらを完ぺきに行なわなければ到達できないという仏の世界を前にすれば、おそらく誰もがたじろぎ、そして、途方にくれてしまうのではないかと思います。

このようにみてくると、「一切衆生悉有仏性」といい、「一切衆生悉皆成仏」とこそいうけれども、一体誰が〈われに仏性あり〉と自負することができるでしょうか。他の人々のことはさておき、少なくとも、この〈私〉は、〈われに仏性あり〉などとはとてもいえない――。それどころか、自分こそ、仏の世界にもっとも遠い存在ではないのか――、そんな気がしてくるのです。そして、唯識仏教が指摘する無姓有情とは、ほかならぬこの私なのではないだろうかという沈痛な結論に行き着かざるを得ません。

私たちは、一切衆生悉有仏性という仏語に励まされて、自分もまた、仏の世界に至ることができるのだと歓喜するのですが、一方、仏の世界に行こうとするその自分を深く反省し、凝視するならば、そこへはとても行き着けそうにない――。そこにみられるのは、気持のはげしい落差であります。こうした点、唯識仏教の先人は、一体どのように感じ、そして、どのように対処していったのでしょうか。

唯識の示す心の構造とそのさまざまな心理作用を深く学び取り、その上で自己を真摯に凝視した人に、解脱上人貞慶がいます。その貞慶は、つぎのように述べています（『観心為清浄円明事』）。

心《こころ》広大の門に入らんと欲《ほっ》すれば、わが性《しょう》堪えず、微少《みしょう》の業《ごう》を修せんと欲すれば、自心頼み難し。……

――心のやすらぎを望んで、仏の世界に至ろうとする気持はあるのだけれど、自己をまじまじとみつめてみると、その志を完成させるだけの資質が私にはない。ほんのわずかの仏教的項目だけでも行じたいとは思う――。しかし、つらつら思うのだが、自分の心というものは、実に頼りないものなのだ。……

こうした貞慶のコトバは、まことに沈痛な響きをもっています。日々の生活を越えて仏の世界に行くべきなのに、自分の心ほど頼りないものはない。自分というものは、まことに愚迷の身であり、なんと仏の世界に隔たっていることか――。貞慶は、このように思い沈むのです。この「わが性堪えず」、あるいは「自心頼み難し」のコトバの背後には、唯識が指摘する無姓有情とは、他ならぬこの自分なのだという思いがあるのです。

しかし――。仏の世界にかくも隔たり冷え切った身心なるがゆえに、ただ一途に仏のぬくもりを求めるのではないか。無姓の身だからこそ、この〈私〉というものは、なにがどうでも心のやすらぎをねがって仏の加被《かひ》をもとめるのではないか、と、貞慶は思量したのでした。ひるがえって、真実に心のやすらぎを求め、一途に仏陀のひかりを希求するほどのものが、どうして無姓有情でありえようか――。貞慶の思いは、そこにきわまったのです。

それは、貞慶が、つぎのように述べていることにあきらかです（『法相心要鈔』）。

愚なるを以て、還って知んぬ、大乗の姓《しょう》あることを。猶《なお》、趣寂《しゅじゃく》にあらず、況《いわ》んや無姓為《た》らんや。

大乗の姓とは、仏の世界に参入することができる資質という意味です。――自分の愚かさというものを本当に凝視し得たとき、かえって、この身が、仏に等しい心のやすらぎを実現できる身であることが知られるのである。したがって、趣寂（声聞・独覚）ではないし、まして、無姓有情であろうことか。

この一句を書いた瞬間、貞慶は、自分こそ唯識の指摘する無姓有情なのではないだろうかと思い沈んだあの沈痛な気持を離脱し、大きく仏の世界へと飛躍し得たであろうことがしのばれます。このきっぱりとした言葉遣いは、それを物語っています。

こうしてみると、この自分が無姓有情だと深く気づくところにこそ、まさに、仏性開発の第一歩があると考えられます。そこで、注意すべきことは、そこへの到達が、ひとえに透徹した自己凝視によってなされるということでありましょう。そしてなお、その自己凝視が、唯識のあきらかにした〈心の構造とそのさまざまな心理作用〉の知見によって、大きく前進し、また、深化するものであることを知るべきであろうと思います。

本有・無漏種子の開発

五姓各別の説、とりわけ無姓有情というものは、本来、どこまでも深い自己凝視とのかかわりにおいて理解すべきものであります。それを、単に、一般的な部類分けとして受け取っては、その深い宗教性を見落としてしまうことになります。権大乗という評価も、一つには、ここに由来するものであろうと思います。

宗教の世界は、たえずこの自分はどうなのかということが問題であって、自己をふり返るという一点にはじまり、その一点にもどるという連環のなかに形成されていくものなのです。そして、本来、他者についての論評はひかえるべき、あるいはしないものなのです。

それを、自己に執着し、〈慢〉や〈嫉〉などの心所をもつ私たちが、そのまま自他を比較して他者を論評すれば、行き着くところは、自分を讃え他人をそしるか、他人をねたむかであろうと思います。

このなか、自己をほめ他をそしることを、仏教では、「自讃毀他《じさんきた》」といいます。きびしくいさめられる行為であって、たとえば『菩薩戒本』などに、してはならぬことの一つに定められているほどです。しかし、それは単に、自讃毀他しなければいいというものではありません。それにとどまることなく、むしろ、すすんで深く自己をみつめることこそ大事なのだという意味が、そこに含まれているとみるべきであります。

そうして、自己を静かにふり返るならば、そこには、ささくれだった〈私〉ばかりが去来し、どうしようもなく愚迷な自分があるのみではないでしょうか。しかし——。だからこそ、この〈私〉というものは、うそいつわりなく真実に仏の世界を求め、やすらいだ心を希求するのではないか。そのさい、自分に仏の世界に至るだけの資質があるかどうかということは、およそ、問題になりません。資質があろうがなかろうが、あるいは仏の世界に行き着こうが行き着くまいが、なにがどうでも仏の世界を求めるだけであります。その希求する姿勢は、純白であり、ただ一途なのです。ひるがえって、仏というものを、そのようにうそいつわりなく求めるほどのものが、どうして無姓有情であろうことか——。貞慶は、おそらく、そうした心の動きを自覚したからこそ、「愚なるを以て、還って知んぬ、大乗の姓あることを。猶、趣寂にあらず、況んや無姓為らんや」と、書きとめたのであろうと思います。それは、思いここにきわまったさまを描いたものであり、一つの確信といえるものであります。

ところで、この、大乗の姓があるといい、無姓有情であるわけがないということは、端的にいえば、この自分もまた仏性をそなえるものであるということに他なりません。そして、そのことにとどまらないで、なお静かに思いめぐらすとき、こんな自分にさえ仏性というものがあるとするならば、当然、すべての人々に仏性がそなわっていてしかるべきであることが、強く思わしめられます。――そのときにしてはじめて、心中大きくふくらんでくるのが、一切衆生悉有仏性ということがらではないかと思います。

その一切衆生悉有仏性ということを、唯識仏教的にいうならば、すべての生命あるものが、その心の潜在的な領域に、菩薩の本有無漏種子《ほんぬむろしゅうじ》をそなえているということになるのではないかと思います。

しかし、ここで、はっきりしておかなければならないのは、第八阿頼耶識に所蔵されているという本有種子は、すでに述べたように、これを確認することができないということであります。すなわち、貞慶の先の確信は確信として、基本的には、仏性の有無、菩薩の本有無漏種子の有無は、私たちにはわからないことなのです。それをつまびらかに知ることができるのは、ただ仏のみといわれています。

それは、どういうことかというと、煩悩・所知という二つの障害を乗り越えるだけの資質をもっているかどうかは、乗り越えた者にしかわからないことがらなのだということです。したがって、私たちがこの点について、有るとか無いとか、軽々に判断したり、言ったりすべきではないということであります。

それより、むしろ私たちに必要なのは、ただ一途に仏の世界へと歩みをすすめることであり、仏陀の教えを日常生活において現実に行じていくことであろうと思います。なぜなら、すべてのものにそなわっているともいわれる仏性とは、いわば仏になる可能性であって、それが同時に、成仏ということではないからです。そうした仏になる可能性というものを、自分なりに無限に開発していかないのであれば、たとえ仏性があっても、ないのに等しいというべきであろうと思います。――すなわち、たとえ菩薩の本有無漏種子を具有していても、それを開発現行《かいはつげんぎょう》していき、無漏種子を大きく増長していかないかぎり、現実的には、その本有無漏種子は、無いのと同じだということであります。そうした仏となるべき性質を、現実に開発していくことに主眼をおくのが、唯識仏教の立場であるのです。

私たちは、仏の世界に大きくあこがれる中で、仏のコトバを学び、《善》の心所をきわだたせ、《煩悩》《随煩悩》の心理作用を押え、そうして、さまざまな縁に生かされながら、仏道という模索の道をひたすら歩いていくのであります。

くり返すならば、仏と同等の心のやすらぎを実現することができる資質というものは、たいへん微妙なことがらであって、その有無について、私たちが軽々に判断したり、あるいはとやかくいうべきことではありません。――たしかにそうなのですが、それでもやはり、この自分に、さまざまな障害を乗り越えて仏の世界に到達できるだけの資質がそなわっているかどうかということは、たいへん気になることです。それが、私たちの率直にしていつわらざる気持であろうと思います。しかし、仏性の有無を気にする自己というものをよくみつめてみると、そこには、もし仏性がないのならば、仏教的生活にいそしんでみたところで円満な心のやすらぎを実現することができないのだから、無駄ではないかという気持がみえ隠れしています。そうした気持の動きは、きわめて実利的であって、およそ、宗教の世界のものではありません。ある意味で、そうした考えに左右され、仏教的生活を試みないものこそ、無姓有情といえるのかもしれません。

愚迷な自己をいやというほど自覚した貞慶には、仏性の有無を気にする余裕というものがありません。仏の世界に至ることができる資質というものがあろうがなかろうが、この〈私〉は、仏による心の安寧がほしい。もちろん、〈私〉に仏性がないのならば、仏の世界に行き着くことができない。しかし、たとえ、行き着かなくとも、一歩いや半歩でも仏の世界に近づきたい――。そう思い定まることが尊いのであり、それこそが、大乗の姓たるものであろうと思量したのでした。そして、そう思い定まったなかに仏教的生活を試み、しかも、それを持続していく――。そこに、本有無漏種子の有無もさることながら、そうしたいわば隠された資質というものを徐々に力強いものにしていく大きな契機というものもあるわけです。

そして、もし、菩薩の無漏種子や独覚の無漏種子、あるいは声聞の無漏種子のいずれをも具有していない場合はどうかということに対して、唯識仏教は、それでも仏教的な日常生活は、その人に応分の巨益をもたらすであろうと示教しています。応分の巨益とは何かということは、一概にいえるものではありませんが、少なくとも、社会を構成する一人の人間としての社会性の充実や、身心の調整からくる洞察力の向上ということを含むものであることは、たしかなことであろうと思います。慈雲《じうん》尊者《そんじゃ》飲光《おんこう》（一七一八〜一八〇四）は、十善戒（不殺生・不偸盗・不邪淫・不妄語・不両舌・不悪口・不綺語・不貪欲・不瞋恚・不邪見）を人々に教えるにさいして、『人となる道』という題をつけたといわれています。けだし、名言です。

第十章

仏との距離

凡夫の認識と仏の認識

人間も、その人間をとりまくあらゆるものも、すべては、時々刻々に生滅変化するものであって、不変で実体的なものは、何一つありはしない——。釈尊は、心を千々に乱れさせて迷う人々を覚《さとり》の世界へと導くにさいして、このように説き示されたと伝えられています。そして、こうした二つのことがらを完ぺきに納得することができたならば、その人は、大いなる心のやすらぎを実現することであろうと、語られたのでした。

釈尊によって示されたこれらの真理は、これを言い換えるならば、すべてのものは、さまざまな因縁によって生起するものであるということであります（第五章【ものごとの生起】種子と現行の項参照）。すなわち、ものごと（諸法）は、それが精神的なものであれ物質的なものであれ、さまざまな要素が一定の条件のもとに仮和合することによって生起するのであって、一時的に成立しているにすぎず、決して、固定的で不変な実体として存在するものではありません。したがって、仮和合していたものが離散すれば、その現象は、たちまち消滅してしまいます。諸法は、このように、たえず変化してやまないものなのです。

こうした生起の仕方、あるいは存在のあり方を、唯識仏教では、〈依他起性《えたきしょう》〉といいます。依他起性とは、他（さまざまな因縁）によって起こったものという意味です。この世界のあらゆるものは、こうした依他起性のものとして在るわけであります。八識、すなわち、私たちのさまざまな心のはたらきも、もちろんそうであって、私たちの認識というものは、そもそも依他起の性質をもつものなのです。

ところが、私たちは、日常生活において、自己はもちろんのこと、あらゆる認識の対象を実体的なものとして捉え、そして、それらに強く執着しています。こうした心的作用は、具体的には、第六意識と第七末那識とのはたらきなのですが、諸法をこうした存在のあり方において理解することを、〈遍計所執性《へんげしょしゅうしょう》〉といいます。遍計所執とは、遍くすべてのものを実体的なものと思い計らい、そして、それに強く執着していくという意味であります。

このように、私たちは、依他起性のものを、遍計所執という網をかぶせて理解しているのです。――たえず変化してやまないものを、静止したスガタにおいて理解するのですから、私たちが認識している内容のものは、本来、どこにもないものなのです。私たち凡夫の認識が、虚妄《こもう》なものといわれるのは、そのためです。こうした虚妄の認識の上に、動かしがたく形成されていくのが、私たちの苦の生活なのです。

さて、あらゆるものは、さまざまな縁が一時的に和合して成り立つものであり、そして、たえず変化しながら発展ないし消滅する性質のものであるからには、それを正しく、そのようなスガタにおいて理解しなければならないことは、いうまでもないことであろうと思います。それには、もちろん、依他起性のものの上になされている遍計所執のとらえ方を取り除くことが必要です。

唯識仏教では、こうした虚妄な遍計所執性をはなれ、正しく依他起性において、完ぺきに自己や自己をとりまくすべてのものごとを見ることができたとき、ものごとの本来のスガタが、私たちの前に大きくたちあらわれてくるのだと示教しています。そして、それが、まさに仏の認識内容であって、そのいわば清浄な依他起性の認識を、〈円成実性《えんじょうじつしょう》〉というコトバで表わしています。

この、①遍計所執性②依他起性③円成実性の三つを、〈三性《さんしょう》〉といいます。この三性ということに関して、古来、次のような喩えが理解の一助として示されています。

——それは、夜道に一本の「縄」が捨てられてあったのを、通りかかった人が「蛇」と誤認して、恐怖心をいだいたというのです。しかし、よく目を凝らして、その蛇とおぼしきものを観察してみると、それは単なる一本の縄でした。つまり、縄を縄と知ったわけです。さて、そこで、その人が落ち着いてよく考えてみるに、この縄も、縄という実体があるのではなく、「麻」がよりあわされることによってできたものを、仮に縄と呼んでいるにすぎないことに気づいた——。以上が、「蛇縄麻《だじょうま》の譬喩」といわれるものであります。

すなわち、麻に気づくのが円成実性であり、その麻がさまざまな因縁によって縄として成り立っているさまを見るのが、依他起性を示しているわけです。そして、縄を蛇と見誤るのが、遍計所執性であることはいうまでもないことです。

こうした三性は、唯識仏教の重要な教説の一つといわれています。ここでは、ただ項目をあげるにとどめますが、こうした三性説の中に、私たちの進むべき道筋というものが、明確に示されていると考えられます。それは、凡夫の遍計所執性の認識を捨て、仏の円成実性の認識を志向するという方向性であります。

その凡夫から仏へという道のりとは、一体どういうものであろうか——。そのこともまた、私たちにとって大いに気になることがらであります。本章では、このことについて、一瞥したいと思います。

頓教と漸教

ここで、ふたたび、貞慶の「愚なるを以て、還って知んぬ、大乗の姓あることを」というコトバを思い起こしてみたいと思います。貞慶は、その透徹した自己凝視によって、おのれの愚迷さを思い知らされたのですが、一方、それゆえに、仏の加被というものをうそいつわりなく求めようとしている自己を、はっきりと見出しました。そうして、そのように仏への一途な気持をいだくほどのものが、どうして無姓有情でありえようか——と、自己の中に菩薩種姓という仏陀に直結する性質のあることを強く感じたのでした。

唯識仏教の代表的な巨匠のこうした心の動きから、私たちは、この自分がどうしようもなく愚迷の身であり、まさに無姓有情にちがいないことに深く気づいていくところにこそ、仏性開発の第一歩があることをみてきました。それは、つまり、自己の愚迷さを思い知るなかに、何がどうあっても仏の世界を求めるのだという決意が大きく形成されていくということであります。そして、その決意が、いわゆる〈発心《ほっしん》〉をうながすのであって、ここに、仏の世界への実質的なスタートが切られるのだと考えていいと思います。なお、そうした仏道の最初期における私たちの素直な気持というものを、ここで率直に述べるならば、それは、仏による心のやすらぎを一刻も早く実現したいということにつきるのではないかと思います。

かかる私たちの気持はさておき、こうした点について、仏教の諸教説は、〈頓教《とんぎょう》〉と〈漸教《ぜんぎょう》〉という二つの考え方に大きく分けることができます。このなか、頓教とは、仏と同等の心のやすらぎは、これを速やかに完成することができるものであるとする考え方であります。たとえば、即身成仏《そくしんじょうぶつ》の教説などは、これにあたります。それに対して、漸教は、私たちのもっている我執・法執というものは、相当にねばっこいもので頓断不可能であって、それらは、絶え間ない努力によって漸次に断っていくしかなく、したがって、成仏には長大な時間の修行が必要だとする教説であります。唯識仏教は、このなか、漸教の考え方に立つ教えです。

こうした二つの相違する考え方をそのままストレートに示され、二者択一をせまられたならば、私たちの誰もが、おそらく、頓教を選ぶであろうことはまちがいのないところです。それは、私たちの素直な気持からすれば、きわめて当然な選択といえます。しかしながら、速やかな成仏を希望する私たちの気持は、それはそれとして、よく考えてみなければならないことが、とりあえず一つあります。それは、飛躍というものは、何ごとにつけ、地道な蓄積という土台の上に成り立つものであって、ことのはじめからあり得るものではないということであります。そうして、漸教は、まさに、その地道な蓄積というものに重点をおく考え方なのです。六波羅蜜を修し、四摂法を行じ、人となる道を歩む――。そうした日々の地道な善の蓄積によって、〈私〉の中におのずから飛躍せずにはおかないものが成熟するわけです。この一連のことがらの後段を取り上げて、成仏ということを考えるならば、速やかな完成という側面をもっていることも、たしかなことです。

しかし、いずれにしても、すでにしばしばみてきたように、私たちの日常生活を完ぺき

無著菩薩像（興福寺蔵）

な仏教的生活として持続することは、はなはだ容易なことではありません。仏の世界を念願するはずの自分の生活をふり返るならば、私たちの人生は、目標に対して行きつ戻りつというべきものであります。——そうしたとき、私たちはやはり、地道な善の蓄積ということにポイントをおく漸教への関心を、あらためて深める必要があるのではないかと思います。

インドにおける唯識説の大成者・無著《むちゃく》菩薩〔アサンガ〕（世親菩薩の実兄、五世紀）には、

願自在は、精進波羅蜜多円満するに由るがゆえに

というすばらしいコトバがあります（『摂大乗論』）。これは、求めるところを自在に実現させようとするのならば、〈精進〉ということがなければならないという意味であります。——精進とは、目標にむかって、こつこつあくことなくつとめることであり、それが、いかなる目標達成にも欠くべからざることは、今さらいうまでもないことであります。しかし、この当たり前のことが、私たちにはなかなか実行できないのです。

仏教的生活というものを、一日一日積み上げていくしかない私たちであることを、自覚するのみであろうと思います。

三祇成仏と唯識修道の五位

唯識仏教は、私たちの心の構造とそのはたらき（八識心王・五十一心所）について、深い考察を加え、その実態をあきらかにしてきました。そうした立場からすれば、私たちのもつ我執や法執というものは、決して、簡単に断ち切れるなどというものではありません。むしろ、かならず長期にわたって、漸次に断滅していくしかないものなのです。すなわち、私たちが発心して菩薩の道を歩み、そして、ついに心のやすらぎを完成する道のりは、決して、短小・平坦なものでも速やかなものでもないということであります。

そこで問題になるのが、その長期とは、一体どれほどの時間であるのか――ということであろうと思います。仏の世界を思いつつも、一方で、怠けてばかりの私たち凡夫には、それがまた、たいへん気になることがらなのです。

これについて、唯識説は、〈三大阿僧祇劫《さんだいあそうぎこう》〉あるいは〈三祇百劫《さんぎひゃくこう》〉という数字を示しています。阿僧祇とは、インドの古典文章語（サンスクリット）のアサンキャの音写語で、「無数」と訳され、一方、劫とは、同じくカルパの音写語の「劫波《こうは》」を略したもので、「長時」と訳されるコトバであります。こうしたコトバによっても、おのずから唯識仏教が示す成仏への道のりが、まったく短小なものではなく、きわめてながい時間を要するものであることがわかります。この数えることができない長時間の説明にさいして、古来、「盤石劫《ばんじゃくこう》」あるいは「芥子劫《けしこう》」の喩えが示されています。

そのなか、盤石劫の喩えは、一辺八百里という大きな石を、天人の羽衣で百年に一度サッと払うというものです。天人の羽衣とは、薄くて軽いものという意味で、たとえば、女性のブラウスなどに用いられるジョーゼットのような薄い布地を考えればいいと思います。そうしたもので軽く撫でることによって、その巨石がついに摩滅してしまうに要する時間が一大阿僧祇劫だというのです。したがって、その三倍が三大阿僧祇劫で、これを略して〈三祇〉というのです。

また、一辺八百里の城中に、小さな芥子を充満させておき、百年に一粒ずつ取り出し、そして、ついにその全部を取り出すに要する時間を一大阿僧祇劫だというのが、芥子劫の喩えであります。――盤石劫の喩えといい、芥子劫の喩えといい、いずれにしても、気の遠くなるような長大な時間という他ありません。それはまさに、永遠ともいうべきものであろうと思います。つまり、それほど長大な時間を要して修行しなければ、私たちは、すべての束縛を離脱して成仏することができないのだというのが、唯識仏教の主張なのです。これを、速やかに仏の覚《さとり》を実現することができるという〈速疾成仏《そくしつじょうぶつ》〉の説に対して、〈三祇成仏〉の説といいます。

なお、〈三祇百劫〉の百劫ですが、これは、三大阿僧祇劫のほかに百劫があるということではありません。三祇の中に含まれるところの百劫という意味です。

六波羅蜜などを実践して、仏道修行というものをほぼ完成させた菩薩たる人は、三大阿僧祇劫の最後の百劫において、仏陀の身体的特徴である相好《そうごう》を感ずる福業《ふくごう》を行なうことが考えられています。相好とは、三十二相八十種好のことで、仏の身体は、三十二の大きな特徴と八十の微細な特徴とを持つすぐれた形相であるといわれています。したがって、仏たるものがそこにおられるのならば、それは、おのずから人の知るところとなるわけです。たとえば、『長阿含経《じょうあごんきょう》』（巻第二、遊行経）に、「相好備足して、星中の月のごとし」とあるのは、その意味であろうと思います。こうした相好をも百劫という長大な時間をかけて、徐々に整えていく――それが、〈三祇百劫〉のあとの百劫の意味であります。

仏教は、たしかに、心の調整を説くものではあるのですが、そうした心と身体とを別々なものとして考えない身心一如《しんじんいちにょ》の考え方が、仏教なのです。

さて、そうした永遠ともいえる長時の修行によって、私たちは、さまざまな煩悩を徐々に断ち切っていくのだといわれます。したがって、三祇という長大な仏道も、その漸次の向上によって、いくつかの段階に区分することができるわけです。

唯識仏教では、その階位として、①資糧位《しりょうい》②加行位《けぎょうい》③通達位《つうだつい》④修習位《しゅじゅうい》⑤究竟位《くきょうい》の五位が考えられています。これを、〈唯識修道の五位〉といいます。このなか、資糧位・加行位・通達位・修習位の四位は、総じて成仏をめざして修行する段階で、これらは成仏の原因となる位ですので、これを〈因位《いんに》〉といいます。それに対して、究竟位は、そうした因位をへて、菩薩が仏と成る位であります。その成仏は、修行の結果ですから、これを〈仏《ぶっ》果《か》〉ともいうのです。仏果は、内容としては、菩提と涅槃という二つの側面をもち、それは、コトバによる表現をこえたすぐれて妙なるものであると考えられています。そこで、菩薩たる人が、三祇百劫の修行をへて仏と同等の心のやすらぎを獲得することを、古来、「菩提・涅槃の妙果を証得する」といっています。

①資糧位《しりょうい》とは、あらゆる善なる行為を実行し、それを資糧として、仏の世界をめざそうとする段階であります。もちろん、その第一歩として重要な位置をしめるのが、発心ということです。深く唯識の考え方というものを信解《しんげ》し、明確に仏の世界を求め、菩提・涅槃を実現しようとするゆるぎない決意によってこそ、私たちは、本当に三祇の仏道をスタートさせることができるのです。そして、永遠ともいえる仏道を持続して歩むことができるのも、また、そうしたゆるぎない発心によることなのです。

すべては唯識所変のものであるということの体得は、通達位においてはじめてなされることなのですが、そうしたレベルに到達するために、第一資糧位において蓄積した仏果証得のためのさまざまな資糧をもとにして、一段と努力を加えて修行することが必要です。そうした段階が、②加行位《けぎょうい》であります。

ところで、私たちのもつ種々の煩悩は、仏果をめざす上で大きな障害となるものですが、そうしたものが煩悩障と所知障との二つに分けられ、そして、それらが、それぞれ我執と法執とによって導かれる惑であることは、すでに一瞥したところです（第九章【私はだれか】一切衆生悉有仏性と五姓各別の項参照）。

この二執・二障には、また、それぞれ〈分別起《ふんべつき》〉のものと〈倶生起《くしょうき》〉のものとがあることが指摘されています。倶生起とは、私たちがこの世に生をうけると同時に生起するもので、いわば先天的な性質の二執・二障であります。それに対して、分別起とは、後天的に身につけた二執・二障です。このなか、倶生の煩悩が分別の煩悩より断ち切りがたいことは、いうまでもないことです。

こうした煩悩のなか、資糧位・加行位の段階では、分別起の煩悩障・所知障の現行だけを伏するといわれています。現行を伏するとは、煩悩障・所知障の種子が現行するのを押えるという意味で、煩悩障や所知障の種子そのものがなくなるということではありません。

③通達位《つうだつい》とは、分別起の煩悩障・所知障の種子を断ち切って無漏の智を起こし、その結

果、唯識所変の道理に通達する段階です。

そして、通達位において獲得した道理を完全なものにするため、さらにつとめて修習する段階が、④修習位《しゅじゅうい》であります。修習とは、修めた上にもなお、これを習うという意味です。この修習位では、倶生の煩悩障・所知障の現行を伏し、漸次、また、その種子をも断滅します。なお、この修習位は、十のレベルが想定されており、そのなか、第七のレベルまでは、まだ努力して修習しなければならないのですが、第八レベル以上は、いかなる努力をも要せず、まったく自然に仏道を行ずることができると考えられています。

このように、菩薩たる人は、資糧位ないし修習位の因位において、まず、煩悩の現行を伏して起こらないようにつとめ、次に、その種子を断ち切り、そして、最後に、煩悩の心的作用によって自己のなかに付着した印象気分をも捨て去ります。そこで、煩悩をこうして漸次なくしていくことを、〈伏《ふく》・断《だん》・捨《しゃ》〉というのです。そうして、かく一切の煩悩を伏断捨して、ついに到達するのが、⑤究竟位《くきょうい》なのです。

究竟《くきょう》とは、完成を意味するコトバで、三祇の長大な仏道が完成する段階であります。ここにおいて、菩薩は、菩提・涅槃の妙果を証得して、ついに、仏と成ります。涅槃は、すでに述べたように、煩悩障が取り除かれたところにあらわれる身心の静かな境地であり、菩提とは、所知障を断ち切って得られる「ものごとをありのままに把握する汚れなき智慧」のことであります。この、ものごとをありのままに把握する智慧は、仏における知的作用であって、それは、ほかでもない私たち凡夫の認識の主体である八識そのものが、三祇の修行のあかつきに、質的に転換したものであると考えられています。これを、〈転識《てんじき》得智《とくち》〉といいます。

すなわち、第八阿頼耶識が改造されて〈大円鏡智《だいえんきょうち》〉となり、第七末那識が改造されて〈平等性智《びょうどうしょうち》〉となり、第六意識が改造されて〈妙観察智《みょうかんざっち》〉となり、そして、前五識が改造されて〈成所作智《じょうしょさち》〉となるのです。これら四つの智慧が、菩提の内容です。

いま、四智のなか、特に平等性智《びょうどうしょうち》に注意してみたいと思います。第七末那識は、一類相続する第八阿頼耶識を実我と誤認して執着する潜在心です。その、自己にしか関心をもたない利己的な潜在心が、究竟位においては、すべてのものに対して大きく目をひらき、しかも、自他の区別なく平等にみる汚れなき真実の智慧になるというのです。私たちの利己性が、すべてを平等に思量する慈悲の心に改造されていく――。それは、考えてみれば、まことにすばらしいことですが、同時に、わが利己性と仏の慈悲との隔たりには、ただならぬものがあることがおのずから理解されます。そして、この仏との距離というものを埋めるには、やはり、唯識仏教が示しているように、永遠ともいえる三祇の仏道を想定せずにはおれません。

しかし、それにしても、三祇成仏のことは、あまりにも長大であり、悠長にすぎる——。それが、私たち凡夫のいつわらざる気持ではないかと思います。考えてみると、日常生活のあらゆる面で、私たちは、速さという便利さをひたすら追い求めてあくせくしています。そして、そうした日常生活の連続によって、私たちは、簡便さをよろこび、短期速成をよしとする枠組みをしっかりと身につけてしまっているのです。このような私たちの日常の枠組みからすれば、三祇の仏道は、いくらなんでも長途にすぎるものであって、これを容易に受け入れることなど到底できないわけです。

——しかしながら、自己の愚迷を思い知り、心のやすらぎを求めて仏道を歩きはじめようとすることは、とりもなおさず、これまでの日常生活のあらゆる枠組みを解体しようと試みることに他なりません。大体、簡便さや速成ということを求める気持の裏には、多かれ少なかれ、面倒なものはこれを省略し、省けるものは悉くこれを省いていこうとする安直な気持がひそんでいるものなのです。そうしたものを温存しながら、一方で、煩悩を伏・断・捨し、心のやすらぎを求めていこうというのは、はなはだ身勝手であり、あまりにも安直にすぎる仏道への態度というべきであろうと思います。

仏教は、元来、ものごとを長いスパンにおいて捉えようとします。というよりむしろ、期限というものを切らないのが、特徴ともいえます。たとえば、「我弟子《がでし》　尽未来際帰依《じんみらいざいきえ》

仏《ぶつ》　帰依法《きえほう》　帰依僧《きえそう》」等の『三帰文《さんきもん》』などは、その好例であろうと思います。これは、いうまでもなく仏・法・僧の三宝に対する帰依の表明ですが、私たち仏教者は、それを「尽未来際」ということの上に行なうのです。尽未来際とは、「未来際を尽くすまで」と読みます。未来際とは、未来の果てということで、もちろん、それは尽くすことなどできるものではなく、その意味するところは、永遠ということと同じです。したがって、尽未来際ということを言い換えるならば、それは、〈どこまでも――〉ということになります。仏弟子たる私は、どこまでも仏に帰依し、法に帰依し、そして、僧に帰依いたします――。それが、『三帰文』の意味なのです。

このように、帰依ということは、永遠の未来までも視野に入れてこそ、あるいは際限のないことにおいて、はじめて成り立つものであることはいうまでもないことであって、その意味で、この〈どこまでも――〉ということは、たいへん重要な意味をもっているのです。

私たちも、自己の愚迷さに目覚め、仏の世界を志し、そして、自己のこれからの人生を仏教的人生たらしめていこうとするのならば、三祇の長大さに臆することなく、むしろ果敢に、その〈どこまでも――〉ということを大きく受けとめていかなければならないであろうと思います。そして、その〈どこまでも――〉という長大な仏教的人生においては、凡夫日常の簡便・安直・速成・拙速が、いささかも通用するものでなく、地道な善の蓄積を持続していくことのみが、私たちを、仏の世界へと着実に押し上げていくものであることを知るべきであろうと思います。そして、それが、まさに唯識仏教の示す第一資糧位の内容であり、またある意味で、三祇仏道に一貫して求められていることでもあるのです。

なお、唯識修道の五位と三阿僧祇劫との関係を示すと、つぎのようになります。

資糧位		初阿僧祇劫
加行位		初阿僧祇劫
通達位		第二阿僧祇劫
修習位	第一地～第七地	第二阿僧祇劫
修習位	第八地～第十地	第三阿僧祇劫
究竟位		

退屈と練磨

唯識修道の遥かなる道のりは、資糧位にはじまります。自己の愚迷さをつくづく思い知った〈私〉は、仏の世界に強くあこがれ、それゆえに、ついに、何がどうあってもその仏の世界に到達せずにはおかぬという固い決心を持つに至ります。この、どのようなことがあっても仏道を歩みつづけるのだという堅固な決意に、自己のすべてを委ね切ってしまうことを、「発心《ほっしん》に安住《あんじゅう》する」と表現し、これを〈発心住《ほっしんじゅう》〉といっています。こうしたおざなりの決心ではない発心住ということが、まさに、資糧位の発端なのです。

次後、菩薩たる人は、この堅固な決意に大きくもとづきながら、さまざまな善なる行為を行ない、仏の世界をうかがう資糧を地道に積み重ねていきます。こうした資糧の充分な蓄積がなければ、第五究竟位はおろか、第二加行位さえもおぼつきません。その意味で、この第一資糧位は、もっとも重要な階位といえます。

この階位において行なわれるべき善行とは、六波羅蜜（布施・持戒・忍辱・精進・禅定・智慧）や四摂法（布施・愛語・利行・同事）などで、菩薩たる人は、こうした実践項目を生活のあらゆる面で行じていかなければならないと考えられています。

このなか、布施については、さきに三輪清浄の布施ということを取り上げ、その特徴の一端にふれたことでした（第六章【利己性にうごめく深い自己】第二能変の末那識、第九章【私はだれか】無姓有情の項参照）。したがって、ここに再説をひかえますが、仏教が示す施しとは、そのように、望まれたならばわが生命さえも差し出してしまうというものであって、その教説の崇高さに、私たちは、胸の熱くなるのを禁じ得ません。——しかし、それにしても、そうした布施ということを完ぺきに行じ切らなければ到達することができない仏の世界は、堅固不動の決意において仏道に取り組む菩薩たる人にとっても、また、あまりにも高く、深く、また大きいものであるといわれています。そして、そうした無限なひろがりを持つ仏の世界を前にして、とまどい、あるいはたじろぎ、さらには、仏教的生活というものの持続に自信をなくしてしまう——。第一資糧位の仏道においては、そうした気持の動揺がしばしば起こることも指摘されています。これを、唯識仏教では、〈退屈《たいくつ》〉といっています。仏の世界を目標としながら、それに向かって大きく突き進まないで、退き屈してしまう心——それが、退屈であります。唯識修道の初位の資糧位は、このように、決して平坦な道のりではなく、紆余曲折のある階位なのです。

こうした退屈ということに関して、仏教の先人たちはどのようであったでしょうか。一例として、釈尊最大の弟子と称される舎利弗《しゃりほつ》の場合を取り上げてみたいと思います。

舎利弗は、声聞《しょうもん》としての覚《さとり》を獲得したといわれる人ですが、はじめから声聞乗によって修行したのではなく、もともと成仏をめざす菩薩の道（仏道）を行じていたという説があります（『大智度論』）。それによると、舎利弗は、長期間つづけた布施行を断念してしまったというのです。——布施行にはげんでいた舎利弗のところへ、一人の婆羅門《ばらもん》（インド古来の祭祀を司どる人）がやって来て、舎利弗の眼がほしいと乞うたのです。それに対して、舎利弗は、「眼球だけ取り出しても何の役にも立たないから、私のからだ全体か私の持物を差し上げましょう」と、応じました。しかし、その婆羅門は、「あなたが布施行を実践しているというのならば、私がほしいという眼を施すべきであろう」と、執拗に舎利弗の目玉を所望したのでした。たしかに、乞われたものは、これを施さなければ布施行は成り立ちません。そこで、舎利弗は、片方の眼球をくりぬき、その乞眼婆羅門に与えました。

ところが、こともあろうに、その婆羅門は、施された舎利弗の目玉のにおいを嗅ぎ、「くさい」などといって地に投げ捨て、そのあげく足で踏みつぶしたのです。この婆羅門は、ほしくもないものをねだって、舎利弗の布施行を試そうとするまことに意地悪い人だったのです。——片目の舎利弗は、それを見て、「何とひどいことをするものだ」と、一瞬いかりの心を起こしたといいます。そうして、「こういう人間は、まことに救いがたいものだ。こんな人々にかかわっているより、仏の教えにしたがって自らの身心をよく調え、はやく生死の迷界を離脱するに如くはない」と思い直し、布施を行じることによって歩いてきた菩薩の道を退き、声聞の道に転向してしまったといわれます。

舎利弗は、たびたび釈尊にかわって教えを説き、そのため「転法輪復転《てんぽうりんふくてん》の弟子」といわれ、また、仏を樹にたとえれば、それをよく荘厳する花に見立てられたすぐれた仏教修行者でありました。そうした舎利弗でさえ、この布施ということを完ぺきに実行することは、はなはだ困難なことがらだったのです。――まして、私たち凡夫は、なおさらという他ありません。

こうした退屈は、総じて、三つの場合に起こるものであると考えられています。これを、三種の退屈といいます。

その一は、仏の証得された菩提というものは、その内容まことに広大かつ奥深いものであるので、自己の力量では到底およびがたいと思って退屈する場合で、これを〈広深退《こうじんたい》〉といいます。

その二は、布施をはじめとする六波羅蜜などの大乗の菩薩行は、これを完ぺきに実行することはなはだ困難なことを感じ、絶望の念を起こして退屈する場合で、これを〈難修退《なんしゅうたい》〉といいます。

その三は、仏の証得された覚というものは、きわめて到達しがたいものに思われて、悲

舎利弗像（興福寺蔵）

観の気持を起こし退屈する場合で、これを〈難証退《なんしょうたい》〉といっています。

ゆるぎない発心住によって歩み出したからには、さぞや一途であろうはずの仏道の初位においてもまた、このように、菩薩たる人は、しばしば仏の世界の大きさ・深さ・高さというものに途方にくれ、そして、自己の資質や力量に対して悲観的な気分をいだくというのです。これは、みずから目標と定めたはずの仏の世界であっても、人間というものは、それになかなか一途に成り切ることができないということを指摘しているのであろうと思います。この、仏の世界への一途さということについて、私は、

菩薩は、百千劫の間、罵言せらるるも瞋恚《しんに》せず、また、称讃せらるるも歓喜せず。


というコトバを想い起こします（『大智度論』）。――どのような毀誉褒貶にも微動だにしないのが、本当の菩薩であるというのです。それは、菩薩の身心が、ただ一途に、仏の世界というものを目指しているからなのであろうと思います。

その点、私たち凡夫は、他人にほめられたり、あるいはそしられたりして、一喜一憂しながら、日常生活を送っています。それは、達成すべき目標に対する一途さに欠けるからでありましょう。目標をしっかりと見すえた上での行動ならば、どのような評価にも動揺

しないものなのです。

さて、これら広深退・難修退・難証退の三種退屈は、第一資糧位という仏道の初位において避けられないことであっても、それが、仏道そのものからの撤退を意味するものであってはならないことは、もちろんであります。――そこで、唯識仏教は、こうした三種の退屈に対して、

練《れん》磨《ま》自《じ》心《しん》、勇《ゆう》猛《みょう》不《ふ》退《たい》

というコトバを、再三にわたって提示しています（『成唯識論』）。これは、「自心を練磨して、勇猛にして退せず」と、読み下します。一読、まことに力強い励ましのコトバという他ありません。

ひるがえって、私たちの多くは、未だ発心住にもおらぬものでありましょう。しかし、その志すところは、仏の世界であり、仏教的生活の実現であり、自己の人生を仏教的人生たらしめることであろうと思います。そうである限り、私たちの当面の目標は、いかに発心に安住するかということをおいて他にありません。――もちろん、そこに至る道もまた、退屈という悲観的な気分に支配されることの多い道すがらであります。そうしたとき、こ

の「練磨自心、勇猛不退」のコトバは、私たちにとっても、また、大いなる励ましを提供するものであろうことは、まちがいありません。私たちは、これを明確・純白にいただいて、自己の心の中に大きくこだまさせ、退屈しがちなわが心を激励こそすべきであろうと思います。そこに、一歩一歩の仏道を着実に前進させる大きな契機が、ひそんでいるであろうことを強く感じます。

終章

唯識と現代

依他起の本質に目覚める

以上、十章にわたって、唯識仏教が説く私たちの心の構造やそのはたらき、あるいは、ひろく心的メカニズムといったものを概観してきました。そのさい、つねに「日常生活者としての唯識」という観点に留意して、単なる教説や用語の解説にとどまらず、明らかにされた唯識の考え方をめぐって、私たちはどう日常生活をおくればいいかといったことについても、そのつど、筆者なりの提唱をしてきました。つまり、たえず「唯識と現代」というテーマを意識してきたつもりですが、ここに、あらためて唯識の教えと現代にかかわる一章を加えたいと思います。

唯識が明らかにした私たちの心のありようを学んだ今、日常を生きる者として、あらためて自分自身の認識の実態というものを真摯に見つめてみると、少しも「如実」ではなく、どうやら「真実なるもの」と大きく乖離しているらしいことに気づかされます。

唯識はこのことについて、私たちの認識内容は、総じて第八阿頼耶《あらや》識から縁起（生起）したものであり、そしてまた、第八阿頼耶識の初能変《しょのうへん》と第七末那《まな》識の第二能変、そして、第六意識と前五識の第三能変という三層にわたる変形をうけたものであることを指摘して、注意をうながしています。

そうであれば、私たち日常の認識内容は、「あるがままに自己を知り、また、あるがままに自己をとりまくすべてのものごとを覚知する」という仏教の理想と、あまりにも大きく隔たっています。まさに、ヴァーチャル・リアリティー（仮想現実）の中に暮している私たちであります。

この虚妄《こもう》な認識世界が、三性説《さんしょうせつ》の中の〈遍計所執性《へんげしょしゅうしょう》〉でした。しかし、自己をふくむあらゆるものは、元来、さまざまな要因が一定の条件のもとで仮和合して生起したものであります。そして、一見、それがたとえ長時間存続するものであっても、実は、絶えず変化しつつあるものなのです。私たちがいま現に生きているこうした縁起し・変化してやまない現象世界がそもそも〈依他起性《えたきしょう》〉なのですが、私たちはつい、それを実体的に捉えてしまうのです。そして、その上で、自分にとって好都合なものを貪愛してやまず、他方、不都合なものを毛嫌いし、なお、その嫌悪感そのものにも執着しつづける——。それが、私たちが現に生きている〈遍計所執性〉の世界であります。

こうしたわが認識の実態・わが執着の実態を学んだ私たちに要請されることは、一も二にもなく、この虚妄な遍計所執という覆いを取り除くことでありましょう。そして、さまざまな縁によって生起した利那滅のものが、なお一定の条件のもとで、前滅後生して流動しつつあるという依他起の本質に目覚める——、ということであろうと思います。

この依他起の本質が〈円成実性《えんじょうじっしょう》〉であるわけですが、そうした円成実の世界は、あらゆるものの「空なるあり方」に深く着目することによって、明らかになっていくと考えられています。それにはまず、自分自身をふくむあらゆるものを不変・実体的にではなく、絶えず変化し流動するものとして理解していく習慣を身につけることが肝要です。

もとより、こうした実践は容易なことではありません。しかし、私たちは、自分の認識内容がどうも「事実」あるいは「真実なるもの」とそうとう異なっているらしいとの気づきを大切にし、そこから自己凝視を深めていきたいと思うのです。そうした地道な作業を継続していくならば、執拗きわまりない遍計所執の覆いも、まさに薄皮が剝がれるように、漸次、取り除かれていくはずです。——唯識と現代ということを考える場合でも、やはり、この点をまず最初に問題にしておきたいと思います。

唯識と生命科学

近年、いわゆる生命科学が急速に進展して、従来、神の領域とされてきたものをつぎつぎに明らかにしています。人間を人間たらしめている遺伝子の数は、平成十三年二月に発表された解析結果によれば、二万六千～四万個だといわれます。この数は、ショウジョウバエや線虫など、比較的単純な生物と考えられていたものの約二倍でしかなく、意外に少ないという印象を人々に与えました。そして、植物のゲノムもまた、動物と同じATCGという四文字によって書かれていることがすでに解明されています。

こうした点、生きとし生けるものを「一切衆生」と同質視し、また、すべての動植物とその環境を「一切衆生草木国土」と表現してきた仏教からみれば、解明されたこれらの事実は、そんなに違和感のあるものではありません。それどころか、やはり、人間至上というか人間だけが尊いのではなく、自然の中の一生活者としての人間という本来のスガタが、こうした先端科学によっても明確にされつつあるという印象をもちます。

こうした遺伝子やその総体のヒトゲノムの研究成果を意識してか、近年、DNA・遺伝子・ゲノムといったものと、唯識仏教の〈種子《しゅうじ》〉や〈阿頼耶識〉とを結びつけて考えようとする向きが、多くなってきたように感じられます。たとえば、阿頼耶識からみればゲノムはどう解釈できるかとか、遺伝子と種子は同じかというような質疑も、そんなに珍しいことではなくなってきました。

現在、そうした質問をする側もされる側も、まだ茶飲み話程度にすぎない段階ですが、仏教、あるいは、唯識に何ほどかかかわる人たちが、進展めざましい生命科学に強い関心を示すこと自体は、もとより、望ましい傾向であろうと思います。

ただ、そうした中、伝聞なのですが、「種子は遺伝子だ」と言い切る唯識を立場とする仏教者もいるようです。唯識の考え方が、最先端の科学的知見にも裏書きされるほどの卓説だという愛すべき擁護論なのかもしれませんが、あまりに安直であり啞然とせざるを得ません。筆者は、こうした安易な結びつけには反対です。

もし、種子イコール遺伝子であるならば、阿頼耶識は〈一切種子識《いっさいしゅうじしき》〉ですから、阿頼耶識は、遺伝子の総体たるゲノムということになります。たしかに、深層心の第八阿頼耶識は、〈種子〉〈有根身《うこんじん》〉〈器世間《きせけん》〉の三つを認識の対象とし、これらを執持すると説かれます。この中、〈有根身〉とは、要するに肉体のことですから、阿頼耶識は、あきらかに身体と強い結びつきをもっていると考えられます。阿頼耶識という深層心を、かぎりなく肉体に近い心だという人もいますが、それはともかく、肉体とある種の関係をもっている心的基体であることは認めなければなりません。

しかし、唯識仏教は、いうまでもなく、すべての原因を〈識の転変《てんぺん》〉に求め、あらゆることがらを「心的要素そのもの」に還元して考える立場であって、それに立脚するかぎり、種子は遺伝子とはいえません。なぜならば、遺伝子とは、親から子に受け継がれていくものであり、また、そうした遺伝子は、基本的に操作可能な「物質」です。そうした物質の遺伝子と、自己の行為が深層心の阿頼耶識に印象づけた「何ほどかの心的エネルギーである種子」とは、どう考えても相容れないというべきであります。

私たちの行為は、すでにしばしばみてきたように、すめば終りというものではなく、かならず、その行為の善もしくは悪の性質をともなったエネルギーを阿頼耶識中に熏習《くんじゅう》しますが、そうしていったん心の深みに送りこまれた種子は、それがどれほど現在の自己にとって都合の悪いものであろうと、手をつっこんで操作することができないものです。だからこそ、後述するように、心の深みから人を律する根拠ともなるのですが、それはともかく、このように種子と遺伝子とを同じように説くことはできません。

なお、仏教の考えでは、生命の誕生は、母の精と父の精との赤白二滴《しゃくびゃくにてき》だけでは行われません。つまり、精子と卵子との結合だけでは、生命は生まれないというのです。その赤白二滴の和合に、かならず〈結生《けっしょう》の識〉というものが加わらなければ、生命は誕生しないとされています。そして、その〈結生識〉とは何かといえば、要するに、阿頼耶識のことなのです。

すなわち、輪廻転生説によれば、私たちには幾多の前生があるのですが、そうした前生において、ついに生に対する執着を手放すことができなかったために、わが阿頼耶識は、肉体の死にさいして〈結生の識〉となって浮遊し、適宜の赤白二滴をたよる――。それが、仏教の考える生命誕生の瞬間であります。

こうした説にしたがえば、肉体という外形については、赤白二滴ですからほぼ両親から受け継ぐのでしょうが、中身というか、わが行為（現行《げんぎょう》）の原因たる種子は、どこまでも自己の前生を引き継いでいることになります。ここでもまた、親から子に受け継がれていく遺伝子と、唯識の種子とを同じように説くことはできません。この他、すでにみてきたように、種子については〈本有《ほんぬ》〉と〈新熏《しんくん》〉の問題もありますし、〈無漏《むろ》〉〈有漏《うろ》〉の別もあります。遺伝子に、無漏・有漏に対応するものがあるとも思われませんから、種子は遺伝子だと言い切ることなど、あまりにも安直といわざるを得ないのです。

もとより、これからの時代に生きる仏教者もまた、こうした時代の先端をいく生命科学の知見に強い関心を示すべきでありましょう。しかし、表面的な類似に惑わされた安直な結びつけは、無用な混乱をまねくだけです。やはり、どこまでも心的要素に還元していくという唯識の立場を堅持しながら、違いを精査し、その上で慎重に対応していくべきではないかと思います。

現代と意識的行為

　ところで、唯識と現代ということを考える場合、筆者はやはり、第六意識というものをあらためて大きく問題にしたいと思っています。唯識仏教は、なるほど阿頼耶識縁起であり、あらゆることがらの由来を阿頼耶という意識し得ない深層心に求める教説です。

　しかし、そうでありながら、同時に、その心の深みに新たな種子を送りこむのは、明らかに意識的・自覚的な行為であって、唯識における意識の問題は、きわめて重要なのです。それというのも、それこそが、現段階の私たちにとって、自己を仏の世界に押し上げるほとんど唯一の手がかりであるからです。もちろん、すでにみてきたように、第六意識は、意識し得ない第七末那識の強い影響下にありますから、仏の世界を志向する第六意識による自覚的行為も、また、その自己中心性や自己執着に引きずられるものではあります。しかし、そうであっても、私たちには第六意識の強い自覚、あるいは、意志といったものを躍動させるしかないのです。

　この点で注目すべきは、やはり、唯識が示す、

種子生現行《しゅうじしょうげんぎょう》、現行熏種子《げんぎょうくんしゅうじ》、三法展転《さんぽうちんでん》、因果同時《いんがどうじ》

という私たちの心的メカニズムであろうと思います。これも復習になりますが、私たちの現行（現実の行為）を生ぜしめるものは阿頼耶識中の種子ですが（種子生現行）、同時に、その現行は、そのエネルギーの何ほどかを阿頼耶識に植えつけること（現行熏種子）を示したものです。そして、このように種子と現行とが、間髪を入れず互いに因となり果となることを「因果同時」というのですが、実は、この種子と現行の二つが「三法（三つのもの）」ととらえられていることが、このさい、注意を要するところだと思います。

つまり、「種子生現行」の種子が第一法で現行が第二法、その第二法の現行が阿頼耶識に熏習される「現行熏種子」の種子が第三法なのですが、「三法」とは要するに、第一法の種子と第三法の種子とは同じでないということを示しているわけです。いうまでもなく、第一法の種子と第三法の種子とは、ふつうは劇的な変化などではなく、多くは微妙に違っているにすぎないものであろうと思います。

しかし、そうした微妙な変化の中にこそ、実は、私たちの向上の契機も、あるいは、堕落の契機もある――。したがって、この第一法と微妙に違う第三法の種子を心の深みに送りこむ現行は、きわめて重い意味をもっており、また、それにかかわる第六意識のはたら

きも、微弱だとはいえ見過ごすことはできないものなのです。

いま、近年の人間科学の研究によれば、私たちが一日におこす想念の数は約六万個だと考えられています。たいへんな数ですが、なお興味深いことに、その九十五パーセントは昨日と同じらしいのです。私たちがいかに変化にとぼしく停滞した生活をしているか——、それを如実に示した研究結果だともいえますが、しかし、見方を変えるならば、五パーセントは過去とは違うわけであり、この中に、唯識仏教が示す第一法の種子と第三法の種子との僅少なる相違を重ね合わせることができるかもしれません。

それはともかく、このささやかな行為の積み重ねは、本来、重い意味を担うものであるはずですが、問題は、自覚的な一つひとつの行為のもつ重い意味というものが、私たちの社会の中で、しだいに居場所を失いつつあることであろうと思うのです。

近代社会は、物量・利便性をひたすら追求して経済繁栄の道を歩んできましたが、昨今の情報技術の革新によって、更なる効率優先社会を模索しています。そのおかげで、私たちは居ながらにして、日々新たな情報・最新の情報に接することができ、その結果、日常生活はますます便利になってきています。

しかし、同時に、すべてが毎日ヴァージョン・アップしているといっても過言ではなく、その勢いはとどまるところを知りません。ジャーナリズムはそうした状況を、たとえば

「地球規模で、かつ猛烈な速度で変容する時代」(朝日新聞、平成十二年十二月二十六日・政治)などと書き示しています。私たちは、そのすさまじい勢いで変容しつづける時代に乗り遅れてはなるまいと、日々新たなるものにひたすら追従する生活を営んでいるわけでありま す。

そうしたとき、一年前や半年前、自分は何を為していたか、正確に反芻することができるでしょうか。あるいは、その一連の行為は、こんにちただいまの時点でどう位置づけられるのか、その意味合いを明確に示せといわれたら、多くの人は、大きなとまどいを覚えるのではないでしょうか。半年前でなく、三か月前ですら、もはや、そうかもしれません。これはやはり、私たちの行為・行動がいったいに、きわめて軽いものになっているからだと思われます。ヒラヒラした物言いというういい方がありますが、日々の暮しぶりもまた、紙のようにヒラヒラしてきているのではないでしょうか。

考えてみれば、世の中、すべて「動」ばかりであります。私たちの社会では、「動静」という言葉もまた、死語になっているのかもしれません。先に述べた社会のすさまじい変容はともかく、テレビのトーク番組もまたそうであり、切れ目のない冗長なお喋りが、えんえんとつづきます。そこには、「間」という名の「静」なるものがいささかもありません。ただただ、言葉が洪水のごとく押し寄せてくるばかりであり、また、それを見聞きする方も、ただアハハと笑って聞き流すだけです。そして、終ってみると、何もない——。

否、虚しさが残るはずですが、その虚しささえもじっくり吟味することができず、虚しさのゆえに次のバカ騒ぎを求めて、あてどもなくさまよう。そして、その間にも、日々新たな情報が押し寄せてくる——。

私たちの現状をざっと示せば、およそ、こんなことになるのではないでしょうか。人間やその人間がつくり出すさまざまな現象には、「動」の部分と「静」の部分があり、本来は、そのある種の均衡の上に成り立っているはずです。しかし、大きく「動」に偏った日常生活は、その日暮らしでしのぐのが精一杯で、過ぎ去った日々は、必然的に疎いのです。こうした状況では、私たちの一つひとつの行為・行動も、その意味は、はなはだ軽いといわねばなりません。近年、私たちの社会のあらゆるところ・あらゆるレベルで顕著になっている倫理観の喪失も、その淵源は多く、ここにあるのではないかと思います。

こうした状況の下、日々新たな情報に押し流される生活から、ある種離脱し、失われた静寂の時空を大きく回復しなければなりませんが、その一方、唯識が改めて問うべきは、やはり、人間行為のもつ重い意味であります。唯識は、これを「現行と種子の問題」として検討してきており、端的には、「現行熏種子」が示すものを改めて考えるべきであろうと思うのです。

すでに述べたように、私たちの行為は、すめば終りというものではありません。その行為のもつ善ないし悪の性質を帯びたエネルギーの何ほどかが、心の深みに印象づけられ、そうして、いったん阿頼耶識に送りこまれたその行為の残存エネルギーたる種子は、その性質を永遠に相続して、阿頼耶識に潜在しつづけるのです。これは、意識し得ない心的領域での出来事ですから、その種子がいかに現在の自己にとって不都合だとしても、いささかも操作することはできないわけであります。先にも触れましたが、このことを、中世末・近世初頭の興福寺学侶であった長実房英俊は、

なに事もみな過ぎぬれど朽ちせざる頼もしの種子はうらめしき哉

と、道歌にして肝に銘じています（『多聞院日記』）。一たび、阿頼耶識に熏習された種子は、頼もしいほどに朽ちないものなんだと、明確に受け止めることによって、行為の重さを確認しているのです。そうしたところでは、わが日常の行為・行動も、自ずから軽佻浮薄を忌避するはずです。あるいは、少なくとも、そうならないようにと、自覚するのではないでしょうか。

そして、その自覚こそが、「種子生現行、現行熏種子」という心的メカニズムの、第一

法の種子と第三法の種子とを何ほどか相違させる原動力だと思うのです。そしてまた、そうした自覚の維持は、明確に意識の問題なのです。

かれこれ、そうして積み重ねられた行為・行動の数々は、その種子をわが心の深みに植えつけますから、結局、その総体の阿頼耶識とは、過去の行為の一切を内容とする自己そのものであります。つまり、人は、自己の行為によってつくられるということに他なりません。そうしたとき、いかにすさまじく変容する社会に生活するにせよ、わが行為はもはや、軽いものであってはならないはずです。否、自ずから重い意味をもちはじめるのではないでしょうか。

——このように、唯識仏教が考察してきた心的メカニズムを学ぶことは、日常茶飯事をふくめて、わが行為の重大性を再認識するさいに、きわめて有効な役割をはたすものと考えられるのです。

唯識からみた人間関係

唯識仏教は、いままでみてきたように、私たちをめぐるあらゆることがらを、すべて心の要素に還元して考えようとする立場の仏教です。そのために、心の構造とそのはたらき、あるいは、認識の仕組みや認識対象などについて精緻に考察され、それが心の構造の八識説となり、心のはたらきについての六位五十一心所説になりました。そしてまた、認識の仕組みの四分説や認識対象にかかわる三類境説となり、それらが唯識の主要な教説を構成しています。いま、心の構造の八識のさまざまな名称を整理し、改めて示せば、次のようになります。

異熟識——(第八)阿頼耶識——初能変——深層心—本識
思量識——(第七)末那識——第二能変—深層心—転識
了別境識—(第六)意識・前五識—第三能変—表層心—転識

このなか、とりわけ「能変」ということに注目してみたいと思います。唯識は、私たちの心は単に心でなく「能変の心」であり、認識の対象(境)もまた、その能変の心によって変現した「所変の境」であることを、きわめて明確に示しています。つまり、私たちが目の前にしている認識対象も、客体そのものではなく、すでにわが心によって能変され・さまざまに色づけされたもので、それを、私たちが改めて見・聞きしている——。そして、その能変が三層になっている、それが初能変・第二能変・第三能変です。ここで、それぞれが能変である八識の特徴を大まかに示せば、次のようになります。


(初　能　変) 阿頼耶識――過去の行為行動・体験経験の情報をすべて集積。

(第二能変) 末那識――意識下で絶えずうごめく自己執着、自己中心性。

(第三能変) 意識――ものごとに対する関心や問題意識の有無、あるいは、その濃淡。真善美への意欲、好悪の感情など。

前五識――感覚の生物学的条件、あるいは、個体的条件。


つまり、最初に認識対象を能変するのが阿頼耶識ですから、自己のいままでの行為行動・体験経験が、私たちがものごとを認識する場合、最初にものをいうわけです。たとえば、よく「昔とった杵柄」といいますが、それと今はじめて手にする杵柄とでは、同じ杵柄でも、自ずから違って捉えられるでしょう。第八阿頼耶識とは、言い換えれば、過去を背負って現在を生きるということですから、経験や体験の意味は重大なのです。しかも、この場合の過去は今生だけでなく、前生・前々生……と遡るものです。したがって、私たちの想像をはるかに超えた過去なのですが、私たちが認識する対象は、そのように長大で茫漠とした過去の行動情報群によって、まずは能変されたものです。それが、初能変の意味です。それに加えて、末那識の自己中心性というフィルターがかかります。これら初能変と第二能変は意識下のはたらきですので、第三能変の意識がどれほど客観的たろうとし、また、平等・公平を期そうとも、この部分は修正が利きません。

そして、その上に、目の前に展開していることがらに対する関心や問題意識が有るのと無いのとでは、見え方がかなり違ってきます。そこには当然、好悪の感情もからんできますし、他者《ひと》との比較で生ずる慢心や嫉妬の情も影を落すでしょう。また、たとえ問題意識が有ったとしても、その濃淡によって、能変の具合は微妙に違ってきます。むろん、視野の広狭ということも影響します。この点、私たちは日常、なにごとも大きく二つに分別《ぶんべつ》し、そのいずれか一方に思いをこめ、他方を忘却しがちです。たとえば、生と死がその好例でしょう。私たちはいずれは死ぬのですが、――今はとにかく生きている、死はいずれのことだ。と、思った瞬間、死は視野から脱落し、そして、生だけが大きくクローズアップされます。そうして生きて、しかし、その生はほんとうに濃密なのかどうか。イヤ、むしろ薄味ではないのか、と気づかされるのが歌人の斎藤史《ふみ》さん（一九〇九〜二〇〇二）のつぎの短歌です。

死の側より照明《てら》せばことにかがやきてひたくれなゐの生ならずやも

生を否定するはずの死の側から、生を照射してみる。すると、どうしたことだろう、生きていることが、殊に（ふだんと違って）輝いて感じられる。まさに「ひたくれなゐの生」ではないか、というのです。ひたくれなゐは漢字表記すれば「真紅」、まさに真赤な血の色です。そうして見る世界と、ただ薄味の生を貪って見る世界とでは、景色も自ずから違うはずです。

さらに、私たちの感覚能力という条件もあります。人間の視覚能力ではいわゆる可視光線だけで、それ以外の光線を肉眼でみることができませんし、音もまた、一定幅の音域を聴くことができるだけです。しかも、こうした感覚能力にはかなりの個人差があり、同じ音楽を聴いても、微妙な音の表情を聴け分ける人とそうでない人とでは、同じ音楽を一緒に聴いていても、その音の世界は違うのです。

つまり、私たちは一人ひとり、たがいに異なる独特の認識世界に暮らしているわけです。そのことを、唯識仏教では「人人《にんにん》唯識」というのですが、私たちはこの明白な事実が、意外にわかっていません。日常の人間関係が絶えずギクシャクするのは概ね、このためではないかと思われます。私たちが暮らす日本社会は、厳密にいって単一民族ではないですが、それにかなり近い状況にあり、きわめて同質性の高い社会状況です。そうしたこともあるのでしょう、なにかにつけて「皆同じ」というところから発想される傾向にあるのではないかと思います。

たとえば昨今、深刻な社会問題になっているイジメも、同質性が好まれる環境の下、異質だとグループからはじかれて孤立化し、イジメの対象になる可能性が高いのです。親しいセラピストから、こんな話を聞いたことがあります。――下校する生徒数人のグループが、電車に乗り込んできてワイワイガヤガヤお喋りしていました。会話の中身はいま一つわからないのですが、皆口々に「そうだそうだ、そうなんだ」と、意見の食い違いはなさそう。いってみれば、なんの問題もない仲良しグループという感じです。そうこうするうちに、電車が駅に着くごとに一人また一人と下りていったのですが、最後に一人残った生徒が実に印象的に、ホッとした表情をしたというのです。ここからは、そのセラピストの推測ですが、その生徒はいろんな点で、皆とは異なる意見だったのではないか。しかし、それを口にするような雰囲気ではなく、自分の考えを友だちに知られないよう、ひたすら抑圧していたのではないか。そして、印象的なホッとした表情は、そんな抑圧からの一時的な解放ではないかという見立てでした。

こうしたことは、考えてみれば、同質性を好む私たちの社会では珍しいことではなく、なんとなく皆同じという感覚が社会の中にあり、そこから出発すれば、異質性はとても気になります。そして、そういう違和感の大合唱ともなれば、いよいよ画一化された世の中となり、単細胞社会の一丁上がりです。そういう社会は本質的に脆弱でしょう。しかし、そうではなく、唯識仏教が明らかにしたように、人は皆違うのですから、なにごとも、その違うというところから出発したいものだと思います。そこではむろん、さまざまに相異する意見や感覚を調整しなければならず、一再ならず手間ヒマがかかります。しかし、それを否定的に考えるのではなく、ある種の豊かさと受け止める——。そのとき、私たちは、ほんとうの意味で心豊かな世界の住人たり得るのではないかと思います。

違えば、なぜそうなのかと理解しようとするでしょう。むろん、その違う意見には必ずしも共感できないかもしれませんが、深く理解しようとする心構えによって、その人間関係は必ずや深化していくはずです。一方、同じなら、それ以上理解する必要もありませんから、それまでです。なんとなく皆同じというところでの人間関係はどこまでも平板で、深まっていく契機に乏しいのではないでしょうか。

十七世紀の初頭、中国明《みん》末の清言集『菜根譚《さいこんたん》』（後集五五）に、「山間の花鳥の、錯《まじ》り集まって文《あや》を成《な》す」という一文があります。いろいろな動物や植物が錯り集まってこそ、美しい光景が展開します。山一つとっても、杉だけ・檜だけというような人工林の山は景色がはなはだ単調で、眺めても感慨に乏しく、歩いても少しも楽しくありません。が、常緑樹もあり落葉樹もある、また、針葉樹もあり照葉樹もある、そんな山は遠くから眺めても、また、山歩きしても興趣はつきません。やはり、いろいろ異なるものが錯《まじ》り集まってこそ、です。

私たち一人ひとりを取りまく世界は、もともと人人唯識ですから、一見同じようにみえても、私たちは皆違う世界を抱えて、こんにちただいまを生きているわけです。言い換えれば、私たちは皆、本来的に個性的な存在です。私たちはこうして唯識仏教の基礎を学んできたのですから、その知見に基づきながら、自分自身はもとより、目の前にいる彼や彼女の個性的な心の世界を改めて思いやり、その個性的な人人唯識の世界を互いに関係づけたいではないですか。

あとがき

興福寺第三十世別当の永縁権僧正（一〇四八〜一一二五）は、「南北僧侶の中、この人に及ぶ輩なし」（『中右記』）というきわめて高い世評を受けた人です。残念ながら、著述が伝わらずはっきりしませんが、かなりすぐれた唯識の学匠であったようです。この永縁には、また、「初音の僧正」というかぐわしい名があります。それは、自作の「聞くたびに　めづらしければ　郭公　いつもはつねの　ここちこそすれ」（『金葉和歌集』）によることなのですが、この他にも入集の歌詠が多く、また、中世に興隆した南都歌壇の黎明と位置づけられる永縁奈良房歌合を主催するなど、文芸的気分を濃厚にもった人でした。

かれこれ、才気ある人だったわけですが、はた目には、あるいは和歌ばかりやっているように見えたのかもしれません。——親しい友達の僧が永縁を訪ねて、あまり和歌ばかりやっていては仏教の学問の妨げになるのではないですか、と心配した話が『撰集抄』にありります。しかし、永縁はそれに対して、「決してそのようなことはなく、むしろ、和歌をよむことによっていよいよ心が澄み、そして、歌詠の対象を通して唯識とは何かということがよく理解できるのです」と、答えたといいます。――永縁とその友人の僧とでは、和歌ということに対する認識がどうも相互に異なっていたようです。

こうしたことはよくあること――というよりは、むしろ、そうした相違の上に成り立っているのが、他ならぬ私たちの日常生活でありましょうし、また、一旦おこなった自己の見方というものに固執しがちな私たちであります。そして、そういったことが、豊かであるべき人間関係をさまざまに妨げる大きな原因にもなっているわけであります。

そうしたとき、私たちの心の構造とはたらきを明らかにする唯識仏教を身近に置くことは、きわめて有意義なことであろうと思います。それは、唯識がなによりも明快なカタチで、心は〈能変の心〉であり、認識の対象はその心によって変えられた〈所変の境〉であるという事実を、私たちに提示しているからです。こうした唯識が解明する心の実態に照らして自己を絶えず検証していく中に、私たちは、より豊かなものの見方や人間観というものを形成する契機に大きく出会うことができるであろうと思います。

ところで、本書は、日常生活者の唯識という観点に立ち、可及的に平易な解説をめざしましたので、ほぼ大雑把な記述になっております。例えば、〈転識得智〉のところがそうであって、四智がみな究竟位において転得されるように述べたのですが、もとより、それは、〈妙観・平等初地分得、大円・成事唯仏果起〉です。つまり、大円鏡智と成所作智（成事智）とは、仏果たる究竟位に至って一度にこれを得るのですが、妙観察智と平等性智とは、因位の通達位の初地にその一分を得て、その後漸次円満なものになるわけです。なお、〈妙観・平等初地分得……〉のような古来の慣用語句も、本書ではほとんど割愛しました。今、その一・二例をあげれば、〈能変の心〉による〈所変の境〉が人それぞれであることを示す〈人々唯識〉、あるいは、私たちの善ないし悪の行為の気分を受ける阿頼耶識の果相としての性質を示す〈因是善悪果是無記〉などであります。

こうした慣用語句は記憶に便利でもあり、本書にももう少し挿んだ方がよかったのではないかという気がしないでもありません。かれこれ、難しく感じられそうな用語はなるべく用いないで、できるだけ日常のコトバで述べるよう心掛けたのですが、そのために却って判りづらくなったり、あるいは場合によっては本来の教説からはずれたりしたのではないかと、少なからず心配であります。その点、大方識者のご叱正をお願い致します。

しかし、いずれにしても、本書によりいささかでも唯識仏教に関心を持っていただければ、それはとても有難いことですが、同時に、本書の守備範囲を超えて次のステップに是非進んでいただきたいと思います。その意味で、このあと読んでいただきたい本として、いくつかの解説書を掲げさせていただきます。いずれも、たやすく入手できるものです。

太田久紀『凡夫が凡夫に呼びかける唯識』大法輪閣
横山紘一『唯識とは何か』春秋社
平川　彰『八宗綱要』（上、三五三頁～四九五頁）大蔵出版
平川　彰『インド仏教史』（下巻、九二頁～一六九頁）春秋社
深浦正文『唯識学研究』（上・下）永田文昌堂

最後になりましたが、本書を企画していただき、かつ執筆にさいしても適切なご意見をからませながら適度に追い立ててくださったのは、春秋社編集部の岡野守也氏であります。何事にも遅い私が比較的早く擱筆できたのも、そうした与力増上のご縁によることであり、ここに篤く御礼申し上げます。

平成元年三月二十四日　興福寺菩提院にて

多川俊映

追記：初版刊行後、「あとがき」にあげた唯識文献の一部に、書名や版元の変更があり、また近年、唯識辞典も刊行されていますので、ここに記します。

太田久紀『唯識の読み方』大法輪閣
深浦正文『唯識学研究』（上・下）大法輪閣
横山紘一『唯識　仏教辞典』春秋社

多川俊映（たがわ・しゅんえい）

1947年　奈良に生まれる。
1969年　立命館大学文学部卒業。
現　在　興福寺貫首
著　書　『貞慶「愚迷発心集」を読む』『観音経のこころ』『奈良　風のまにまに』（以上、春秋社）、『旅の途中』（日本経済新聞出版社）、『日本仏教基礎講座1　奈良仏教」（共著、雄山閣）、『慈恩大師御影聚英』（編著、法蔵館）、『阿修羅を究める』（共著、小学館）、『合掌のカタチ』（平凡社）、『唯識とはなにか　唯識三十頌を読む』（角川ソフィア文庫）、『心を豊かにする菜根譚33語』（祥伝社黄金文庫）、『仏像　みる・みられる』（KADOKAWA）など。

唯識入門
二〇一三年　九　月二〇日　第一刷発行
二〇一八年一二月二〇日　第四刷発行
著　者　多川俊映
発行者　澤畑吉和
発行所　株式会社春秋社
東京都千代田区外神田二―一八―六（〒一〇一―〇〇二一）
電話〇三―三二五五―九六一一
振替〇〇一八〇―六―二四八六一
http://www.shunjusha.co.jp/
印刷所　信毎書籍印刷株式会社
製本所　ナショナル製本協同組合
装　丁　美柑和俊
写真提供　飛鳥園
定価はカバー等に表示してあります
2013 ©ISBN978-4-393-13572-3